HELMUT THIELICKE · DAS GEBET DAS DIE WELT UMSPANNT

HELMUT THIELICKE

DAS GEBET DAS DIE WELT UMSPANNT

REDEN ÜBER DAS VATERUNSER
AUS DEN JAHREN 1944/45

MIT EINEM DIALOG
ÜBER DIE FRAGE:
WIE WAR DER NATIONALSOZIALISMUS
IN DEUTSCHLAND MÖGLICH?

QUELL VERLAG STUTTGART

Das Kapitel »Wie war der Nationalsozialismus in Deutschland möglich?«
ist dem Buch entnommen:
Helmut Thielicke, Gespräche über Himmel und Erde
Begegnungen in Amerika
Quell Verlag Stuttgart 1964

1. Auflage dieser Taschenbuch-Ausgabe 1980
1.-6. Tausend
2. Auflage dieser Taschenbuch-Ausgabe 1983
7.-11. Tausend
3. Auflage dieser Taschenbuch-Ausgabe 1987
12.-16. Tausend
4. Auflage dieser Taschenbuch-Ausgabe 1991
17.-19. Tausend

ISBN 3-7918-2001-X

Einbandgestaltung: JAC
Druck und Verarbeitung: Ebner Ulm

INHALT

Die großen Dinge des Daseins
werden nur den betenden Geistern geschenkt.
Beten lernen aber
kann man am besten im Leiden.

Peter Wust

AN DEN LESER

Nun soll dieses Buch über das Vaterunser – fast drei Jahrzehnte nach seiner Entstehung – auch in Deutschland noch einmal hinausgehen. Das Geleitwort zur ersten Auflage, das dieser Neuankündigung folgt, zeichnet die Konturen der geschichtlichen Stunde, in der die Reden über das Gebet des Herrn gehalten wurden.
Ich habe sie nun noch einmal durchgesehen, und sie waren mir eigentümlich fern und doch wieder sehr nah: Fern waren sie deshalb, weil uns die Dunkelheit jener Zeit der Bombennächte, des Massensterbens auf den Schlachtfeldern und des politischen Terrors heute kaum noch vorstellbar ist; fern auch darum, weil der

Stil des Sagens durch jene Stunde geprägt war und sich merklich von der Art unterscheidet, die den späteren Verkündigungsbüchern des Verfassers eignet. – Und doch kam mir die Botschaft aus jenen fernen Tagen auch wieder lebendig nahe: Was in einer solchen »Grenzsituation« der Geschichte ausgesprochen wurde, mußte ja seine Echtheitsprobe bestehen; sonst wäre einem das Wort im Munde stecken geblieben. Was in *dieser* Zeit Geltung besaß, muß für *jede* Zeit gelten. Vor der dunklen Folie jener Epoche gewinnt das Evangelium eine besondere Leuchtkraft.

So wird der Zwischenraum, der die siebziger Jahre von jener Zeit abgründiger Katastrophen trennt, gleichsam transparent. Das Gebet, das die Welt umspannt, überwölbt auch die Zeiten. Jede von ihnen ist, um ein bekanntes Ranke-Wort abzuwandeln, nicht nur »unmittelbar zu Gott«, sondern auch unmittelbar zu diesem Gebet.

Darum habe ich auch an der Form der Aussage nichts geändert (außer einigen redaktionellen Belanglosigkeiten). Der geschichtlichen Stunde sollte die Tiefe erhalten bleiben, in der sie das ewige Wort erschließen half und es auch dürftigeren Zeiten nahebringen kann.

Während der Vorverhandlungen für diese Neuauflage kam der Verleger auf eine Idee, die ich für fruchtbar halte: Er meinte, daß man jenen zeitgeschichtlichen Hintergrund um seiner Bedeutung willen nicht nur nicht zurückdrängen, sondern ihn im Gegenteil noch plastischer hervortreten lassen solle. Dieser Überlegung lag natürlich nicht das Motiv zugrunde, die Reden über das Vaterunser unter einen historischen Aspekt zu rücken und sie so in die Distanz zu verweisen; sie sollten vielmehr umgekehrt durch diesen besonderen geschichtlichen Kontext eine erhöhte Macht der Vergegenwärtigung gewinnen.

Deshalb ist diesen Reden ein Kapitel angefügt, das so etwas wie eine theologische Deutung jener Schreckenszeit versucht. Ich habe dazu die Wiedergabe einer Diskussion gewählt, in der ich amerikanischen Studenten auf ihre diesbezüglichen Fragen antwortete. So kam es zu einem theologischen Dialog über die Frage von Schuld und Schicksal in der Geschichte.

Man könnte vielleicht sagen, es handle sich hier um eine Meditation zu der Vaterunser-Bitte: »Und vergib uns unsere Schuld, wie auch wir vergeben unsern Schuldigern« – diesmal aus der Sphäre des einzelnen in den Großraum der Geschichte übertragen.

Helmut Thielicke

Das Ewige ist stille,
laut die Vergänglichkeit;
schweigend geht Gottes Wille
über den Erdenstreit.

WILHELM RAABE

VORWORT ZUR ERSTEN AUFLAGE

Diese Reden, in Stuttgarter Gottesdiensten gehalten, haben die Zuhörer durch das Grauen des Luftkrieges, durch den Terror einer untergehenden Schreckensherrschaft und endlich durch den totalen militärisch-politischen Zusammenbruch des Vaterlandes und die erste Zeit der Besetzung hindurchbegleitet. Sie wurden in der Hospitalkirche begonnen, als Stuttgart noch eine einigermaßen intakte Stadt war, und als sein Kulturleben – mitten im Kriege – noch blühte. Und sie endeten in dem kleinen und dennoch damals größten Gemeindesaal des Matthäusgemeindehauses, als es keine Kirche mehr in Stuttgart gab und nur bizarre Mauerreste davon kündeten, wo einst die ehrwürdige Hospitalkirche stand, wo jahrhundertelang Menschen gewohnt hatten und dort der Ewigkeit begegnet waren.

Der Redner sah auf den Gesichtern seiner Hörer die Schicksale geschrieben, aus denen sie alle kamen oder denen sie entgegengingen. Er las die Gespanntheit in ihnen, ob nicht schon die nächste Minute den Heulton der Sirene brächte, der sie alle auseinandertreiben würde – wie es nicht selten geschah; er sah die Qual der Anfechtung in ihnen geschrieben und das Hungern und Dürsten nach einem gültigen Trost, der bei der Arbeit und in den unterirdischen Verliesen und während der Marterungen des Leibes und der Seele Bestand hätte.

Alles, was er in den Gesichtern las und was ihn selber als Mitbeteiligten bis zum äußersten erfüllte, steht wohl auch in seinen Reden darinnen. Das Vaterunser konnte das alles umfassen. Es gab keine Frage, die wir ihm nicht hätten bringen können und die sich nicht unter der Hand verwandelt hätte, wenn sie als Gebet gestellt wurde.

Das Vaterunser ist wahrlich das Gebet, das die Welt umspannt: die Welt mit den alltäglichen Bagatellen und den »welthistorischen Perspektiven«; die Welt mit den Stunden des Glücks und den abgründigen Qualen; die Welt mit ihren Bürgern und ihren Soldaten; die Welt mit »des Dienstes immer gleichgestellter Uhr« und mit den schrecklichen Ausnahmezuständen ihrer Katastrophen; die Welt der unbeschwerten Kinder und doch zugleich der Probleme, an denen Männer zerbrechen können.

Die ganze Welt ruht – wie jene vergoldete Kugel auf den mittelalterlichen Bildern – in der Hand des Herrn. Und sie ruht auch in unserer Hand, wenn wir sie betend zu Gott erheben.

Was könnte es Größeres geben, als diese Welt neu sehen zu lernen – eben vom Gebet her?

Die folgenden Reden wollen die Aufgabe dieses neuen Sehens zu lösen versuchen. Und es scheint dem Verfasser wichtig, daß sie eine Welt dabei im Auge haben mußten – einfach durch die geschichtliche Stunde, in der sie gehalten wurden –, die in der furchtbarsten Weise entfesselt und zur Offenbarung ihrer selbst gezwungen war. Alle Phrasen und Verklärungen verbieten sich da von selbst. Hier kann nur die ganze und nackte Wahrheit, hier kann nur die *Mitte* evangelischer Botschaft bestehen und uns frei machen. Daß wir zu dieser Mitte vordringen, das verdanken wir nicht zuletzt der Katastrophenstunde unseres Erdballs. Denn wer da hat, dem wird in solcher Stunde noch dazugegeben werden. Wer aber nicht hat, dem wird auch das genommen werden, was er zu haben meint.

HELMUT THIELICKE

VATER UNSER IM HIMMEL

ERSTER TEIL

Und wenn ihr betet, sollt ihr nicht sein wie die Heuchler, die da gerne stehen und beten in den Synagogen und an den Ecken auf den Gassen, auf daß sie von den Leuten gesehen werden. Wahrlich, ich sage euch: Sie haben ihren Lohn dahin.
Wenn du aber betest, so gehe in dein Kämmerlein und schließ die Tür zu und bete zu deinem Vater, der im Verborgenen ist; und dein Vater, der in das Verborgene sieht, wird dir's vergelten.

MATTHÄUS 6,5–6

Vor einigen Jahren brachte eine bekannte Zeitschrift folgenden Gedankengang über das Gebet: Irgend so etwas wie beten müsse der Mensch wohl, und zwar aus folgendem Grund:

Auf den heutigen Menschen stürme von außen so viel an Arbeit, Betrieb, Telefon, Korrespondenz, Hupen und Klingeln der Verkehrsmittel, Rundfunk und Kino herein, daß er unbedingt einen Wall aufrichten müsse, um sich vor dieser Unsumme an Eindrükken und Anforderungen zu schützen. Das beste Schutzmittel nun, um nicht völlig von diesen Eindrücken und Aufgaben absorbiert und aufgefressen zu werden, sei ein Zustand innerer Sammlung, der gleichsam einen Ausgleich bilden müsse gegen das ständige Nach-außen-gewandt-Sein in unserem heutigen Lebensstil. Dieser Zustand innerer Sammlung habe zweifellos Ähnlichkeit mit dem, was der Christ als »Gebet« bezeichne. Natürlich, so meinte dann jener Artikelschreiber, dürfe man bei diesem inneren Selbstgespräch nicht so tun, als ob man wirklich mit einem »Du«, mit »Gott«, rede. Auf diese Hilfskonstruktion im Jenseits, wo angeblich unsere heimlichsten Worte aufgefangen werden, müsse man billigerweise verzichten. Man müsse sich ganz nüchtern klarmachen, daß es sich dabei wirklich nur um ein klärendes und der Sammlung dienendes *Selbst*gespräch in unserem Innern handle.

Ist diese Sehnsucht nach dem Gebet, die sich selbst die eigentliche Erfüllung versagt, nicht erschütternd? Spielt sich hinter dem heroisch erstarrten Antlitz dieses Menschen nicht die ganze Tragödie eines Kindes ab, das seinen Vater verloren hat?

Denn die innere Situation, die sich hier abzeichnet, ist doch so: Der Mensch geht durch den dunklen, nächtlichen Wald des Lebens. Um ihn herum lauern Gespenster und beunruhigen ihn erregende Geräusche. Es gibt so viele Gefahren in diesem dunklen Wald. Der heutige Mensch hat für die Witterung dieser Gefahren das Wort »Lebensangst« erfunden. Er gäbe etwas darum, wenn einer da wäre, der ihn begleitete, der ihm die Hand auf die Schulter legte und sagte: »Sei ruhig, ich bin bei dir! Ich kenne die Schluchten, ich kenne die gefährlichen Abhänge, ich kenne die

räuberischen Höhlen, ich bringe dich sicher hindurch. Solange ich bei dir bin, kann dir niemand etwas tun.« Er gäbe etwas darum, wenn es so wäre.
Aber nun weiß der Mensch – oder glaubt es wenigstens zu wissen –, daß es diesen Jemand, der da käme, gar nicht gibt und daß er eben allein in dem dunklen Walde seines Lebens ist. Darum beginnt er nun laut vor sich hin zu reden, so wie das Kinder tun, wenn sie allein die finstere Kellertreppe hinunter müssen, damit sie sich am Klang der eigenen Stimme beruhigen. Aber es ist ja niemand da, und man ist so fürchterlich allein.
Seht, und nun lehrt uns Jesus Christus, allem Augenschein dieser Lebenslage zum Trotz, daß wir wirklich sagen dürfen: »Unser Vater!«, und daß da nun eine Stimme ist, die uns wirklich und wahrhaftig antwortet. Jedoch, wenn ich *unsere* Stimme und die antwortende Stimme des *Vaters* so nacheinander nenne, habe ich eigentlich das Verhältnis umgekehrt, denn die Stimme des Vaters ist ja viel eher da als die unsrige. Es ist ähnlich wie in den Samuelgeschichten des Alten Testamentes: Ich höre eine Stimme, die meinen Namen ruft. Und nun kann ich nur noch sagen: Hier bin ich, hier hast du mich! Nun darf ich mit dem, der da zuerst einmal meinen Namen gerufen hat, sprechen wie das Kind mit seinem Vater, darf ihm von allen großen und kleinen Dingen erzählen, die mich bewegen.
Sieht nach diesen Feststellungen vielleicht das, was der Artikelschreiber gesagt hat, nicht plötzlich doch viel ernsthafter aus, als es im ersten Augenblick scheinen mochte?
Im ersten Augenblick nämlich schien es doch so: Diesen Artikel hat ein Mann geschrieben, der ganz »unreligiös« ist, der offenbar gar kein Organ dafür und vielleicht nicht einmal mehr das *Bedürfnis* besitzt, sich einen Gott als Weltenlenker und Regierer unserer Geschicke vorzustellen. Vielleicht hat er auch den bekannten Hochmut des neuheidnischen Menschen, der einfach keinen Gott mehr über sich wissen will, weil er seinen Kram alleine machen möchte und sich in der Rolle des souveränen Herrenmen-

schen gefällt. – So schien es vielleicht im ersten Augenblick, als ich diesen Gedanken entwickelte.

Aber nun auf einmal kommt es uns doch anders vor: Wie wäre es, frage ich jetzt, wenn der betreffende Schriftsteller sehr wohl »religiös« wäre, ja, wenn er das dringende Bedürfnis hätte, in jenem Wald seine Stimme zu erheben und nach seinem Vater zu rufen? Wenn er aber andererseits ehrlich und nüchtern und realistisch genug wäre, sich zu sagen, daß es in diesem dunklen Wald des Lebens eben *keinen* Vater gibt, und daß er deshalb die tiefste Sehnsucht seines Herzens, nur *einmal* einen Vater zu haben und sich in seiner Hand geborgen zu wissen, tapfer unterdrücken müßte?!

Und nun frage ich euch: Ist das nicht eine saubere und ehrliche Haltung? Ja, ich wage noch weiter zu fragen: Wer von uns allen dürfte auch nur auf die Idee kommen, in diesem Walde unseres Lebens – gerade in jener gespenstischen Schlucht, die wir alle in diesen Monaten durchschreiten – einen Vater zu vermuten?

Sieht die Welt nicht so entsetzlich »unväterlich« aus, wenn wir an die Hunderttausende von Gräbern in Rußland oder auf den Friedhöfen der verwüsteten Städte denken? Kommen uns alle, die darin schlummern müssen, nicht manchmal wie Waisenkinder vor, die ohne den Schutz eines Vaters von Tod und Teufel umzingelt wurden und in die kalten Gräber sanken, ehe sie überhaupt eine Ahnung davon hatten, was das Leben immerhin sein kann?

Sind die Menschen nicht auch tatsächlich, solange sie über die Erde gegangen sind, immer wieder erschrocken gewesen über die Vaterlosigkeit der Welt? Vielleicht hat die Menschheit in ihren Kinderstadien einmal von ewigen, seligen Göttern geträumt, die den Olymp mit homerischem Gelächter erfüllen und den Nektar der Unsterblichkeit schlürfen. Noch heute geht einem – wie in einer lichten, unwirklichen Unterbrechung unseres Alltags – das Herz auf, wenn wir diese alten Verse lesen, aber es geht einem so auf wie bei einem Märchen, das einen in ahnungslose Kindertage ver-

setzt und einen für Augenblicke dem Schrecknis der Welt entnimmt.
Dieser Traum von der Wirklichkeit ist aber bald anders geworden und einem härteren Bilde gewichen: Je erwachsener und wissender die Menschen wurden, je mehr sie das Leben kennenlernten, um so mehr wurden sie dessen inne, wie gnadenlos die Welt ist, wie vaterlos, wie schrecklich verwaist.
Wenn die Griechen ihre lichten Götterplastiken schufen, die der Abglanz eines harmonischen Weltgefühls zu sein schienen, dann wissen wir heute, daß dieser Eindruck trügt und daß jene Plastiken nichts anderes sind als Verkörperung einer Sehnsucht, die in tiefen Abgründen lebte und das Dasein nicht ausgehalten hätte, wenn sie nicht jene appolinische Traumwelt über den Abgründen hätte schaffen dürfen. Und bei unseren germanischen Vorfahren ist es nicht unähnlich: Immer wissender und umdüsterter wird im Lauf der Geschichte der Blick, den sie ins Leben tun. In der spätgermanischen Ornamentik kehrt in wahrhaft tragischer Monotonie immer das eine Gleichnis des Todes und der Sinnlosigkeit wieder: die Midgardschlange, die unsere ganze Welt schauerlich umschlungen hält.
So sieht doch die Welt aus, wenn wir sie mit unseren Augen sehen. Und der viele Tingeltangel in der Welt ist doch nur dazu da, uns das zu verhüllen und ein wenig davon abzulenken. Der sogenannte »Olympier« Goethe hat einmal im höchsten Patriarchenalter gesagt, er könne sich kaum denken, daß er mehr als vier Wochen seines Lebens wirklich glücklich gewesen sei. Und ich glaube, so ähnlich wird das Verhältnis auch in der großen Geschichte sein: die glücklichen Zeiten sind wie kleine Inseln in einem Ozean des Blutes und der Tränen. Die Weltgeschichte ist im großen und ganzen eben doch eine Geschichte der Kriege und von den Spuren der apokalyptischen Reiter gezeichnet. Es ist die Geschichte einer Menschheit ohne Vater – – so *scheint* es.
Jener Artikelschreiber scheint also recht zu haben, wenn er durch die Blume zu verstehen gibt: Wir alle sind Waisen. Wir möchten

schon einen Vater haben, aber alles in der Welt sieht danach aus, daß wir keinen haben. Dann aber verzichte ich ehrlicherweise auch darauf, so zu tun, als ob ich einen hätte. Dann lasse ich das Beten anständigerweise bleiben und rede lieber mit mir selber wie ein Kind im Dunkeln, das sich fürchtet und sich diese Furcht nicht eingestehen will, weil das Kind – – nämlich ein Mann ist.

Wir von uns aus können nicht auf die Idee kommen, sagen zu dürfen, »unser Vater«, und wenn wir dann doch einmal so etwas hören wie den Vers: »Droben überm Sternenzelt muß ein lieber Vater wohnen«, dann bekommen wir bei allem Respekt vor seinem klassischen Rang doch einen faden Geschmack in den Mund, weil wir spüren: Das hat einer mal in einer berauschten Stunde gesungen, wo der Überschwang seines Lebensgefühls mit ihm durchgegangen ist, und wo er den Himmel voller Geigen hängen sah und über den Geigen den gutmütigen, den lieben Vater.

Nein, wir können nicht sagen »unser Vater!« Wir können es wirklich nicht!

Nur unter *einer* Bedingung, die allerdings einem Wunder gleichkäme, könnten wir es doch: wenn nämlich der Vater, ehe wir den Mund auftun, *zuerst* zu *uns* gesprochen hätte; wenn er sich uns glaubwürdig bezeugt hätte und wir also die Garantie besäßen, daß er tatsächlich und allem Vermuten zum Trotz doch in dem dunklen Walde wäre, und daß wir bei unserem Ruf »Vater, Vater« nicht den Illusionen unserer eigenen Sehnsucht zum Opfer gefallen wären.

An dieser Stelle unseres Gedankenganges sehen wir eines mit aller Deutlichkeit: welches Gewicht nämlich der Tatsache beizumessen ist, daß *Jesus Christus uns selber das Vaterunser beten lehrt.* Er tritt ja merkwürdigerweise mit seinem eigenen Namen in diesem Gebet zurück. Und immer wieder hat man daraus geschlossen, daß Jesus selbst gar nicht der »Gottessohn« sein wolle, sondern uns nur den Vater deutlicher zeigen und selber gleichsam unerkannt im Hintergrund als unbekannter Prophet stehen bleiben möchte – höchstens in der Weise gegenwärtig, wie die mittelalterlichen Maler irgendwo im Hintergrund ihr Selbstporträt anbringen.

Aber nun sehen wir plötzlich: Es ist geradezu von schicksalhafter Bedeutung, daß *er* es ist, aus dessen Hand wir dieses heilige Gebet der Christenheit empfangen. Er ist der unsichtbare Hintergrund jeder einzelnen Bitte. Und sie alle sind nichts anderes als geometrische Örter, die sich in ihm treffen, obwohl er selber gar nicht genannt wird.

Denn in ihm und in ihm allein ist ja nun dieses Wunder und diese einzige Bedingung, von der wir sprachen, geschehen und erfüllt: daß der Vater gesprochen *hat* und daß er uns mitten in dem dunklen Wald begegnet. Denn so und nicht anders sieht doch die Bibel die Erscheinung Jesu. Die prophetische Vision sieht sie auf dem dunklen Hintergrund der Nacht: Finsternis bedeckt das Erdreich und Dunkel die Völker. Es ist eine Welt der Unbarmherzigkeit, der Verfolgung, der Einsamkeit, der Angst und der unseligen Gottesferne. Nicht etwa deshalb, weil Gott die Welt *so* gemacht hätte, sondern deshalb, weil mitten durch sie hindurch ein Bruch geht und weil das Schuldverhängnis schwer auf ihr lastet. Es herrscht eine Nacht über der Welt, die keine Hoffnung mehr zu gebären scheint.

Aber nun wird uns ganz einfach die Nachricht gebracht, nein, nicht nur die »Nachricht«, sondern es wird uns an der Tatsache »Jesus« leibhaftig demonstriert, daß es diese Hoffnung in der Nacht wunderbarer- und unbegreiflicherweise eben *doch* gibt und daß ein väterliches Herz für uns schlägt. Alles, was dieser Jesus sagt, und noch viel mehr, was er tut, ist ja ein Abglanz dieses Herzens. In jedem seiner Worte steckt ein seelsorgerliches, ein brüderliches Gespräch:

Ihr, meine Menschenbrüder, lebt in einer Welt der Wunden, der Krankheiten und Kriege, und ich höre, wie ihr hadert mit eurem Vater und meinem Vater und wie ihr sprecht: Wie kannst du das alles zulassen, wenn du bist! Wie kannst du den Krebs zulassen und die Multiple Sklerose und die endlosen Reihen der Gräber! Hast du nicht selber die Blüte gemacht – und warum knickst du sie? Wie solltest du unser Vater sein! – So sprecht ihr, meine Menschenbrüder!

Aber nun seht, wie das alles, was euch quält und in eurem Munde zur Anklage wird, meinem Vater und eurem Vater nahegeht. *Eure* Schmerzen sind *seine* Schmerzen; stände ich sonst unter euch? Er schickt mich ja mitten in eure Schmerzen:

Jede Wunde, auf die ich meine heilende Hand lege, hat erst tausendmal in mir selbst gebrannt, jeder Dämon, den ich austreibe, hat mich selber angegrinst, und jedesmal bin ich den Tod, den ich austreibe, selber gestorben und habe meinen eigenen Leib zerreißen und in die Erde betten lassen. Wer unter euch leidet denn, und ich hätte nicht mitgelitten? Wer von euch muß sterben, und ich wäre nicht mitgestorben? Ich bin der Kamerad und Bruder aller eurer Schmerzen und Schicksale. Begreift ihr das? Und nun begreift auch dies noch: Wer mich sieht, der sieht den Vater, und wer mich mit euch leiden sieht, der sieht das Leiden, das Mitleiden des Vaters. Gott leidet Schmerzen um euch; begreift ihr das?

Aber nun bäumt sich wohl irgend etwas in uns auf gegen diese Worte Jesu. Und so sehr es auch ein tröstlicher Gedanke sein mag, daß alles, was uns verwundet und peinigt, durch die Hand des Vaters muß, ja noch mehr, daß diese Hand sich *mit* uns verwunden läßt und *mit* erzittert unter dem, was uns quält – so sehr stellen wir nun doch die Frage: Warum läßt der Vater es dann überhaupt zu, wenn er selber mit darunter leidet? Warum stellt er dem allem nicht sein göttliches »Nein« und »Halt« entgegen? Von einem Vater verlangen wir doch, daß er nicht nur väterlich *fühlt*, sondern vor allem, daß er väterlich *handelt*. Warum läßt er uns immer nur *warten* auf sein Reich, in dem angeblich kein Leid mehr sein wird und kein Geschrei, noch der Tod herrschen wird? Warum stoppt er nicht schon hier dieses Leid und das furchtbare Geschrei in der Welt und auf allen Kontinenten und auf allen Meeren? Der »Spatz« einer kleinen Linderung »in der Hand« – einer Linderung, die mir *jetzt* widerfährt, wo ich eben im Schlamassel sitze – ist mir lieber als die »Taube« des Gottesreiches »auf dem Dach«, auf dem »First« irgendeiner ungewissen Zukunft, die ich auf göttlichen Kredit hin glauben soll.

Kennen wir nicht alle gewisse Stunden, in denen wir so reden? Aber es ist gut, wenn wir diese unsere Herzensnot mit der Väterlichkeit Gottes offen herauslassen. Das gehört ja mit zu seinem Vatertum, daß er uns so reden läßt und uns nicht verwirft. Es gehört mit zur frohen Nachricht des Evangeliums, daß es einen Vater gibt, dem wir unsere Zweifel sagen dürfen, und sei es selbst der Zweifel daran, daß es diesen Vater gebe.

Wenn ich nun versuche, die Linien der Schrift nachzuziehen, die darauf eine Antwort geben, möchte ich von einer uns allen bekannten Feststellung ausgehen:

Es grassiert unter uns Christen eine Redeweise, die bei allem, was uns an Schrecken widerfährt, etwa folgendes zum Ausdruck bringt (in vielen Todesanzeigen ist das z. B. der Fall): Gott, der Allmächtige, hat uns den Sohn entrissen; Gott hat mir den Krebs geschickt; Gott hat mich in die Einsamkeit verstoßen. Die Meinung dabei ist die, daß *Gott* uns alle diese Schrecknisse schickt: er schafft nicht nur die Blüte, sondern auch den Frost, der die Blüte knickt. Er läßt uns nicht nur die kleinen Kindlein geboren werden, sondern er schickt auch die Kinderlähmung.

Das ist ein ganz und gar unbiblischer Gedanke. Wir hören statt dessen immer wieder, daß die Mächte der Schuld und des Leides und des Todes in der Heiligen Schrift aufgefaßt werden als *Feind*mächte. Gott hat sie nicht so gewollt, sie sind als *Un*ordnung und *Un*natur in den Schöpfungsplan Gottes eingebrochen. Sie sind die dunkle Gefolgschaft der Urschuld, unserer eigenen Schuld. Der Feindcharakter jener Mächte bringt es mit sich, daß Jesu Kampf dagegen sich oft in wahrhaft dramatischer Form vollzieht. Am Grabe seines Freundes Lazarus »ergrimmt« er über den dunklen Gesellen, der den Freund entführt hat, er trauert gleichsam darüber, daß diese düstere Macht in die Schöpfungswelt Gottes nun einbrechen kann, nachdem der Mensch durch seinen Abfall die Tür für diese Mächte geöffnet hat. Und bei der Heilung des Gichtbrüchigen gibt Jesus wiederum deutlich zu verstehen, daß die Krankheit, die er heilt, bloß die andere Seite der gleichen Störung und Unordnung ist, die die Sünde in die Welt gebracht hat. Alles dies sind Zeichen der Unordnung und des Risses, der mitten durch die Schöpfung geht.

Es gibt, biblisch gesehen, geradezu ein Urgesetz der Menschengeschichte, daß die Schöpfung verdirbt, wenn sie von Gott gelöst ist: Wo Gott verleugnet und vergessen wird, hören die Menschen auf, einander zu verstehen; sie wissen nur zu genau, daß der andere nicht mehr vom Gebot Gottes gebändigt, sondern seinen eigenen, unberechenbaren Trieben überlassen ist. So entsteht Mißtrauen, und aus Mißtrauen entsteht Hader, entsteht Krieg, entsteht Brudermord. Das alles ist von Gott nicht so gewollt und nicht so geschickt, das alles ist die schreckliche Ausgeburt urgründiger Menschheitsschuld.

Ja, sogar der Leib des Menschen ist nicht mehr eine göttliche Gestalt von gleichnishafter Durchsichtigkeit, sondern ist in die große Störung einbezogen. Krankheit und Leiden sind selber Zeichen des Risses, der durch die Schöpfung geht. Unser aller Schuld bildet gleichsam – so darf man die biblische Schau der Dinge wohl ausdrücken – ein gewaltiges Kraftfeld. Alles, was in dieses Kraftfeld tritt, wird in den großen Störungs- und Zersetzungsprozeß einbezogen, und die schrecklichen Krämpfe, die heute unsere gepeinigte Erde schütteln, drängen sich auch dem, der nicht die ganze Tiefe biblischer Erkenntnis besitzt, in ihrem Zusammenhang mit der Schuld auf – sehr oft nicht mit einer bestimmten, faßbaren und protokollierbaren Schuld, sondern eben mit jener Schuld im letzten Hintergrund, mit jener Schuld, von der alle Menschen immer schon herkommen.

Und dieses Zeichen des Risses und der Zerstörung läßt Gott nun über der Welt stehen. Er läßt diese Schuld- und Zerstörungsgeschichte, diese Unordnung seiner Schöpfung zu. Es *muß* wohl so sein, daß er das zuläßt und daß er uns immer wieder dahingibt in unsere eigene Unseligkeit, weil sonst der Mensch – weil wir alle in unserem Hochmut und unserer Selbstsicherheit vergäßen, in welchen Abgrund wir uns ohne Gott immer wieder hineinmanövriert haben. Und haben wir es nicht tatsächlich immer wieder vergessen? Hat unsere abendländische Kultur nicht allen Ernstes gemeint, sie könne ohne Gott leben und auf sich selber ruhen? Und beginnen nun nicht selbst die Allervergeßlichsten und Allersichersten sich allmählich an den Kopf zu greifen, woher dieses Erdbeben in der Völkerwelt, woher das furchtbare Todes- und Zerstörungsverhängnis, dem kein Mensch mehr Einhalt gebieten kann, wohl rühren möchte? Beginnt nicht auch Heiden- und Weltmenschen eine bange Ahnung zu schütteln, welche hintergründigen Zusammenhänge da im Spiel sein möchten? Und muß es nicht also wirklich so sein, daß jenes Zeichen der Zerstörung und des »Dahingegebenseins« an das ungeheure Selbstgericht der Welt so stehen bleibt?

So wahr es ist, daß der Regenbogen über der Welt steht als Zeichen, daß Gott die Welt niemals wieder in der Sintflut ertränken, sondern ihr seine Geduld erhalten will, so wahr ist es auch, daß es unterhalb jenes Bogens den Fluchbogen über der Welt gibt – als ein mahnendes Kainszeichen an der Stirne unserer brudermörderischen Welt.

Wir sollten deshalb nicht einfach sagen: »Gott« schickt den Tod, »Gott« schickt den Krebs, »Gott« schickt die Multiple Sklerose. Es geht radikal gegen den Schöpfungsplan Gottes, daß diese Gewalten dasein dürfen. Er läßt es zu, und er hat wohl seine höheren Gedanken dabei, wenn er es tut. Und selbst wir kleinen und sündigen Menschen mögen es manchmal mit unseren Gedanken erfassen, warum Gott dieses »fremde« Werk tun muß, warum er das Selbstgericht der Welt mitmacht und uns an es hingibt.

Aber nun gilt zugleich das andere, das ganz Neue, das sich kein Mensch selber sagen kann:

Alles, was er so zuläßt von den dunklen Gewalten, *muß zuerst an ihm vorüber* und wird von seinem väterlichen Blick geprüft und zensiert, ob es für uns tauge, und ob es denen, die ihn lieben, nun wirklich zum Besten dienen könne. Alles muß an ihm vorüber, jede Bombe, die mich etwa treffen darf, jeder Granatsplitter, der mir das Liebste von der Seite nimmt, jede Intrige oder Schikane, die mir Menschen zufügen mögen, alles muß an ihm vorüber.

Und indem es so an ihm vorüber muß, ehe es mich treffen darf, geschieht das mit ihm, was immer passiert, wenn ein Ding oder ein Mensch von den Augen Gottes angesehen wird: es geschieht eine große Verwandlung mit ihm:

Die Leiden werden zu Prüfungen, durch deren Bestehen ich geläutert und entschlackt werden soll wie das Edelmetall des Goldes.

Die großen Schreckenszeiten, in denen die Furien menschlicher Grausamkeit, Hybris und Verblendung losgelassen sind, werden zu Zeiten der Heimsuchung und Nachhausesuchung.

Der Tod, der »letzte Feind«, wird zum Bringer jener »Lust«, die mich aufs »Absterben und Bei-Christus-Sein« warten läßt (Phil. 1,23).

Die dunklen, mörderischen Täler, die ich durchqueren muß, werden zu einem Gelände, auf dem ich den guten Hirten kennenlerne und seinen Stecken und Stab ausprobieren darf.

Die Sorgen, die mich in der Unsicherheit meiner Existenz und vor dem dunklen Vorhang der Zukunft quälen, werden nun zu einem Rohstoff, aus dem ich mein Vertrauen und meinen Glauben bilden lassen soll und bilden darf. »Es stehen Kreuze über allen Schmerzen« (Reinhold Schneider).

So könnte ich noch lange fortfahren und könnte alle Schrecken schildern, die sich denken lassen: von den Bombennächten bis zur Einsamkeit der Kriegerwitwe, von der Heimatlosigkeit der vielen Menschen heute bis zur Ratlosigkeit des jungen und älter werdenden Soldaten, der viele Jahre von Beruf und Ausbildung weggerissen ist und verzagen möchte, noch irgendwann einmal den Anschluß an das normale Leben wiederzufinden; ich sage: Ich könnte dies alles aufzählen – und es sind lauter böse Dinge, die nicht im Schöpfungsplan des Vaters liegen –, aber ich könnte zeigen oder jedenfalls in die Richtung weisen, in der sie alle, wenn sie durch die Hand des Vaters gleiten, verwandelt werden, und – wie die Maske des Schicksals auf einmal väterliche Züge gewinnt.

Es ist gleichsam so, daß Gott die ursprünglich böse und verhängnisvolle Stoßrichtung der Schicksalsschläge mit seinem väterlichen Arm auffängt und ihr die Richtung gibt, die er für seine Kinder braucht.

So wird das alles verwandelt für den, der sein Kind ist, für den, der in Jesu Leben und Sterben einmal den Vater gesehen hat und ihn nun nicht mehr losläßt. *Nun kommt es aus seinen Händen, jedenfalls muß es durch sie hindurch.* Wir wissen ja alle, welch gewaltiger Trost darin liegt, wenn wir etwas aus den Händen Gottes nehmen können.

Auch verhältnismäßig leichte Schicksalsschläge werden schwer, wenn wir diese Hände nicht sehen und wenn sie uns deshalb sinnlos und zufällig und willkürlich dünken. Andererseits vermag ich das Schwerste getröstet hinzunehmen, wenn ich die gute Hand über meinem Leben weiß, aus der ich's nehme. Ich weiß dann: Es mögen Sünde und Bosheit der Menschen dahinter stehen, daß mir das widerfahren durfte; die Menschen mögen sich zehnmal vorgenommen haben, es böse zu machen – es kommt aber aus den Händen Gottes, und indem es durch diese Hände geglitten ist, ist es verwandelt worden.

Das gibt meinem Leben eine ganz neue Richtung und einen positiven Auftrieb. Ich brauche nun nicht mehr zu fragen, was die *Menschen* dabei dachten, als sie dies und das taten, und warum es dem Schicksal erlaubt war, mir mein Liebstes zu nehmen. Ich bin jetzt befreit zu einer anderen getrösteteren Frage, zu der

Frage nämlich, was sich Gott wohl dabei *vorgenommen* habe, als er mir das schickte, »wozu« er das alles tut und welche Ziele seine königliche Hand damit verfolgt. Ich lerne *aufzuschauen*, weil Gott ein Gott der Ziele und der großen väterlichen Pläne für mein Leben und das Leben meines Volkes und das Leben unserer ganzen Menschheit ist.

Aus der Fülle der Gedanken, die uns zuströmen, wenn wir sagen dürfen »Unser Vater«, habe ich in der heutigen, ersten Rede nur einen einzigen herausgegriffen. Dieser Gedanke läßt sich abschließend so zusammenfassen:

Es liegt schlechthin alles an der einen Tatsache, *daß Jesus Christus uns dieses Gebet lehrt*. Er allein ist in seinem Leben und seinem Sterben der Garant dafür, daß es einen Vater gibt, und daß Gott mitten in dieser so grausamen, harten und vaterlos scheinenden Welt dennoch am Werk ist und in der Heimlichkeit des Kreuzes sein Reich der Barmherzigkeit baut. So muß jede Vater-Unser-Rede eine zentrale Christuspredigt sein, sonst ist sie romantische Phantasie, nichts anderes.

So wollen wir den loben, der uns ermöglicht, die »freundliche, süße, herzliche Rede« (Luther) »Unser Vater« ehrlich und getrösteten Herzens in den Mund zu nehmen. Nur in ihm können wir anbetend das Geheimnis fassen, daß die väterliche Stimme wirklich und wahrhaftig im dunklen Wald unseren Namen ruft und daß wir ihm nun wie die lieben Kinder antworten dürfen: »Abba, lieber Vater«.

Nun muß ja alles gut werden, wo wir seine gute Stimme hören, – durch alles Heulen der Wölfe, alles Knacken der Äste und alle ungewissen Geräusche hindurch.

Nun muß ja alles gut werden, wo wir ihm antworten und ihm alles sagen dürfen.

Nun will ja alles mit uns zum Frieden kommen, wo der *Eine* neben uns geht, der alles zuwege gebracht hat.

VATER UNSER IM HIMMEL

ZWEITER TEIL

WENN IHR BETET, SOLLT IHR NICHT VIEL PLAPPERN WIE DIE Heiden; denn sie meinen, sie werden erhört, wenn sie viel Worte machen.
Darum sollt ihr ihnen nicht gleichen. Euer Vater weiß, was ihr bedürfet, ehe denn ihr ihn bittet.
Darum sollt ihr also beten: Vater unser im Himmel!

MATTHÄUS 6,7–9

Wenn man als Soldat auf Posten steht und hört, wie sich im Dunkeln Schritte nahen, so ruft man: »Wer da?« – In diesem nächtlichen Postenstehen spiegelt sich unsere Lage mit Gott: Mitten in der Nacht, die uns umfangen hält, im Dunkel dieses ausweglosen Völkerringens, im Schatten unserer persönlichen Geschicke und Ängste hören wir immer wieder einen Schritt; es geht da wohl jemand in all dem Wetter und Getöse vorüber.

Wir wissen nicht, wer es ist: ob es ein Feind ist oder ein Freund, ob es eine Schicksalsmacht oder – – ein Vater ist, der sich uns nähert. Eben deshalb rufen wir ja so laut: »Wer da?« Wir rufen gleichsam »betend« in die Nacht hinein: »Wer bist du, der da vorübergeht?«

Dieses »Wer da?« ruft der junge Mann, der nach dem Sinn seines Lebens zu fragen beginnt und wissen möchte, wer dort vorübergeht. Dieses »Wer da?« ruft die junge Kriegerwitwe, die sich im äußersten Schmerz an den Kopf greift und es nicht glauben kann, daß es ein Vater ist, der das tut. (Aber wer ist es denn dann?) Dieses »Wer da?« rufen die Älterwerdenden, vor deren fragendem Blick das Rätsel des Lebens sich mehr und mehr verdichtet. Dieses »Wer da?« rufen die Denker, die nach dem letzten gemeinsamen Nenner suchen, auf den man die Geheimnisse des Lebens und der Geschichte bringen kann.

Alle rufen es; denn alle spüren ja ganz genau: Wir würden das Entscheidende im Leben verfehlen, wenn wir nicht schließlich dahinterkämen, wessen Schritt da am Schilderhaus unseres Lebens in der Nacht vorübergeht.

Nun haben wir bei unserer letzten Betrachtung über das Vaterunser schon erfahren, wie diese ganze Situation auf der »Wache unseres Lebens« mit einem Schlag verändert, ja umgekehrt wird, wenn wir unter die Augen Jesu von Nazareth treten. Dort wird uns nämlich klar: Wir selber sind es, die da in der Nähe eines Postens umhergehen. Und deshalb geschieht es nun, daß wir plötzlich angerufen werden. Aber merkwürdigerweise ist das nicht der übliche Postenruf »Wer da?«, sondern wir werden mit unserm vollen Namen angerufen, genauso wie Samuel angerufen wurde von Gott. Es ist also ein Auge in der Welt, das für uns wacht, ein Auge, das die Nacht durchdringt und uns mitten im Dunkel gefunden hat. Es ist jemand da, der uns bei unserem Namen ruft.

Und nun müssen wir ganz einfach antworten: »Hier bin ich! Woher kennst du mich? Was willst du, daß ich tun soll?«

Unser Gebet ist jetzt nicht mehr ein ungewisses »Wer-da?«-Rufen in die dunkle Nacht auf irgendeinen Gottes- oder Schicksalsschritt hin, den wir nur undeutlich vernehmen, sondern unser Gebet ist nun ganz einfach *Antwort* auf jenen Anruf, der uns getroffen hat.

Gott ist immer zuerst da. Er hat immer zuerst gesprochen, und längst, ehe unser kleines Leben aus dem tiefen Dunkel unserer jahrtausendelangen Ahnenkette ans Licht der Welt trat, ist Jesus Christus schon über die Erde gegangen, für uns gestorben und auferstanden und gen Himmel gefahren und hat uns den Vater gebracht. Gott ist immer zuerst da, und unser Beten ist deshalb immer nur Antwort auf diese längst vorgegebene Tatsache. Nehmt Bethlehem und Golgatha aus der Welt, dann ist der Anruf verstummt und das Beten sinnlos geworden. Wir alle und unsere Kinder und Kindeskinder sind dann auf Lebenszeit immer nur einsame Posten in einsamer Nacht, die heimliche und erregende Schritte hören und niemals erfahren, wer es ist; die deshalb verzweifelt »Wer da?« rufen müssen, aber niemand antwortet ihnen, und die schließlich müde werden, in ihr Schilderhäuschen gehen und den großen Lebensschlaf der Hoffnungslosen tun und das Hören und Rufen bleiben lassen.

Wir können uns diese wunderbare Tatsache, daß wir von Bethlehem und Golgatha und vom offenen Grab her angerufen sind, und daß nun unsere Zunge zum Gebet frei wird, gar nicht oft genug klarmachen, damit der Ton des Lobens und Dankens in unser Antworten hineinkommt: »Unser Vater, gottlob, daß *du* es bist, der da vorübergeht und der da gerufen hat. Nun wird ja alles gut.«

Jesus macht in den Einleitungsworten zum Vaterunser noch auf einen anderen Gesichtspunkt aufmerksam, an dem uns deutlich wird, wieso Gott immer eher da ist als unser Gebet. »Euer Vater weiß, was ihr bedürfet, ehe denn ihr ihn bittet.«

Das bedeutet ganz einfach folgendes: Wenn wir Gott um etwas bitten, wenn wir z. B. um Heilung von einer Krankheit oder um die gnädige Führung unseres Volkes durch alle Schrecken der Gegenwart bitten, dann sollen wir nicht meinen, wir brächten da irgendeine »Neuigkeit« vor, die wir besonders begründen oder durch eine intensive Lautstärke und Nachdrücklichkeit unseres Betens unterstreichen müßten. Längst ehe wir den Mund aufmachen, weiß Gott schon Bescheid. Daß Gottes Auge uns im Dunkel findet, heißt eben nichts anderes, als daß er unser an Sorgen und Wünschen, Ängsten und Hoffnungen übervolles Herz findet. Er weiß um alles.

Wieso weiß er denn schon vorher um all unsere Bitten?

Wenn wir darauf antworten wollen, müssen wir zunächst eine ganz primitive, aber äußerst wichtige Tatsache feststellen: Wir selber wissen nämlich nicht, um was wir bitten sollen; und zwar wissen wir es nicht aus dem ganz einfachen Grund, weil wir uns letzten Endes sehr wenig über unsere eigentlichen Nöte und über das, was uns fehlt und wessen wir bedürfen, im klaren sind.

Wenn einer z. B. zu einem Nervenarzt kommt wegen allen möglichen Ängsten und Beklemmungen, dann tut er das doch deshalb, weil er selber gar nicht recht weiß, wovor er sich eigentlich ängstet. Es ist so etwas Unbestimmtes in ihm, und gerade darum ist es so unheimlich. Der Arzt muß es erst herausbringen, was es ist, und der Arzt weiß darum eher als der Kranke, wo der tiefste Grund seiner Ängste ist.

Genau so ist es nun (gibt Jesus hier zu verstehen) mit unserem Beten Gott gegenüber: Wir kennen oft unsere tiefsten Nöte selber nicht; wir wissen deshalb erst recht nicht, welcher Abhilfe wir bedürfen. Darum bitten wir so oft um törichtes Zeug, wo uns ganz anderes not täte. Wir sind nackt und bitten statt um Kleider um Bonbons; wir sind gefangen in den Ketten gewisser Leidenschaften, sind vielleicht Knechte unserer Eitelkeit und Triebe, und bitten statt um Freiheit um einen Perserteppich für unsere Zelle. Wir beten so oft um sinnlose Dinge, die in gar keiner Beziehung stehen zu unseren Bedürfnissen. Das liegt eben daran, daß wir die tiefsten Nöte und Bedürfnisse unseres Lebens gar nicht kennen, und Nervenärzte und Seelsorger wissen etwas davon, daß gerade diese unerkannten Nöte und Heimlichkeiten unseres Lebens die Menschen am meisten quälen.

Welche *Befreiung* geht darum oft über ein Menschenantlitz, wenn man mitten in dieses Gesicht hineinsagt: Deine Not besteht ja gar nicht (wie du es selber immer annimmst) in den »bösen Mitmenschen«, die dir ewig einen Krach machen, die dich sticheln und dich mit Intrigen verfolgen. Sie besteht auch gar nicht in der »großen Pechsträhne« deines Lebens, die du nicht los wirst und die immer wieder dafür sorgt, daß du nicht genügend anerkannt wirst, daß dir alles schief geht und die Menschen achtlos an dir vorübergehen. Nein, was dir all diese Nöte macht, ist nichts anderes als dein schreckliches Geltungsbedürfnis vor den Menschen. *Das* bringt es mit sich, daß du jeden Blick der anderen belauerst, ob er auch wohlgefällig auf dir ruht, daß du den Händedruck deines Vorgesetzten auf den Grad seiner Herzlichkeit abmißt und böse wirst, wenn er eine Sekunde flüchtiger war als früher. *Das* bringt dich dazu, daß du die patzige Antwort deines Untergebenen so entsetzlich übelnimmst, weil sie deiner Würde nicht entspricht.

Ich sage: Welche Befreiung kann es für einen Menschen bedeuten, wenn er plötzlich merkt: Die Not seines Lebens besteht ja gar nicht darin, daß ihm die ganze Welt Opposition macht, sondern sie besteht in dieser seiner unerkannten Eigenliebe. Wie dumm war deshalb sein Beten, wenn er Gott etwa bat, er solle ihm die böse Nachbarin oder das patzige Dienstmädchen oder den blasierten Chef vom Halse schaffen. Der wunde Punkt saß ja ganz woanders!

Gerade deshalb aber gilt nun das so überaus tröstende und lebenswahre Wort Jesu: »Der Vater weiß, wessen ihr bedürfet, *ehe* denn ihr ihn bittet.« Und ich darf noch hinzufügen: Der Vater weiß, wessen ihr bedürfet, auch ganz im *Gegensatz* zu dem, was ihr ihn bittet. »Ihr könnt in eurem Gebet reden, wie ihr wollt; ihr könnt plappern wie die Heiden und eine Dialektik haben wie ein Advokat: Gott läßt sich keine Sekunde von *dem* Thema eures Lebens abbringen, um das ihr herumredet, und er läßt keinen Augenblick den wunden Punkt und die eigentliche Not in eurem Leben aus dem Auge, auf die ihr nun allerdings nicht gerne zu sprechen kommt und an deren Stelle ihr lieber eure Mitmenschen aufs Tapet bringt; es ist auch wahrhaftig nicht leicht, davon zu reden. Aber auch das weiß euer Vater.«

Wenn Jesus uns so den Vater zeigt, wie er um unsere tiefsten Nöte und Heimlichkeiten weiß, dann sieht er uns Menschen wohl so ähnlich, wie eine Mutter ihr kleines Kind sieht, das krank ist oder sonst einen Schmerz hat. Das kleine Kind kann es noch nicht sagen, was ihm fehlt, und sieht seine Mutter mit großen, hilfesuchenden Augen an. Die Mutter aber weiß, was ihm wehe tut, auch ohne daß es davon sprechen kann, und deshalb greift sie an der richtigen Stelle ein. Wie sich ein Vater, wie sich eine Mutter über ihre Kinder erbarmt, so erbarmt sich der Herr über die, so ihn fürchten, und die in der Not zu ihm schreien und oft genug eine ganz falsche Not hinausschreien.

Gott sei Dank (kann man da nur ausrufen), daß wir in unserem Gebet nicht darauf angewiesen sind, daß wir *richtige* Wünsche äußern, daß wir eine *richtige* »Diagnose« unserer Nöte und Unordnungen gestellt haben und daß wir nun dem Vater einen wohldisponierten und klar abgestuften Gebetsantrag vorlegen. Gott sei Dank, daß das alles nicht so ist und nicht so zu sein braucht, sondern daß er um uns weiß, *ehe* wir ihn bitten, daß der Vater mit seinem Blick und seiner Güte immer *eher* da ist als wir mit unseren vielen Worten und unserem großen Verschweigen.

Ich denke mir, daß zum Beispiel der Gichtbrüchige (Mark. 2) das genauso erlebt hat. Denn alles, was ich soeben schilderte, spiegelt sich ja in jedem Wort und jeder Handlung Jesu wider. Die Freunde des Gichtbrüchigen bringen ihn mit List und Tücke durch die Volksmenge hindurch vor Jesus hin, indem sie das Dach abdecken und ihn hinunterlassen. Ich stelle mir vor, daß sie ihn alle und daß der Gichtbrüchige selbst nun Jesus mit flehender Gebärde angeblickt haben, und diese flehende Gebärde drückte den Gebetswunsch aus: Rette ihn, rette mich von meiner schrecklichen Lähmung; rette mich von meinen geistigen Auflösungserscheinungen, laß mich wieder gesund werden!

Jesus aber erhört dieses unausgesprochene Gebet ganz anders, als sie es denken. Er spricht zu dem Kranken: »Dir sind deine Sünden vergeben«, und bringt damit zum Ausdruck, daß die eigentliche Not seines Lebens ja *darin* stecke und steckt, daß er von *Gott* los ist und deshalb seinen Leidenschaften gehören mußte und mit diesen Leidenschaften vor die Hunde geriet. Hier, an dieser Stelle sitzt die letzte Not dieses kranken Lebens; darum bedarf er zunächst einmal, daß er *hier* in Ordnung kommt. Und dann erst, als das geschehen ist, kann Jesus ihm auch die Krankheit nehmen. Jesus wußte eben, wessen der Kranke bedurfte, ehe er darum gebeten wurde – und im Gegensatz zu dem, worum er gebeten wurde.

Das ist übrigens auch der Grund, warum so viele Gebete scheinbar nicht, in Wirklichkeit aber ganz anders in Erfüllung gehen, als es nach ihrem Wortlaut von uns gewünscht wurde. Es ist eben so, daß oft genug gerade dann, wenn Gott zu schweigen oder ganz andere Wege mit uns zu gehen scheint, als wir sie gewünscht oder uns erbeten haben, daß gerade dann des Vaters Führung die wunderbarsten und freilich auch die wunderlichsten Wege mit uns geht, Wege nämlich, die genau dem entsprechen, was Gott mit dir und mir vor hat und was uns zu seinem Ziel nötig ist, und damit allerdings *auch* Wege, die oft genug dem Gegenteil dessen entsprechen, was wir selber vorhaben und was wir für uns erträumten.

So liegt in diesen Worten Jesu: »Der Vater weiß, was ihr bedürfet, ehe denn ihr ihn bittet«, ein doppelter Trost:

Einmal: Gott ist immer eher da als unser Gebet. Unser Beten und unser Bitten haben nicht den Sinn, daß wir unsere Interessen ängstlich wahrnehmen müßten und gleichsam ein Rechtsanwalt in eigener Sache zu sein hätten, damit Gott *ja* dies und das nicht vergesse, woran uns so viel gelegen ist. Nein, der Vater hat ein viel tieferes Interesse an uns als wir selber: wir sind ja seine Kinder, wir sind Jesu Brüder und Schwestern. Darum weiß er um alles und kann aus unseren dummen und törichten Gebeten noch etwas machen.

Ferner: Wenn Gott unsere Gebete zu überhören scheint, dann liegt das nicht daran, daß er gleichgültig gegen uns wäre oder harthörig oder gar eine feindliche Lebensmacht wäre, sondern dann liegt das daran, daß er unsere Nöte und alles das, was wir bedürfen, viel tiefer weiß als wir selber, daß er es väterlicher weiß, und daß er uns deshalb oft genug andere und bitterere Heilrezepte für unsere Leiden stellt, als das unserer Zuckerschleckerei und schrecklichen Kurzsichtigkeit liegen mag.

Mit diesem Trost fängt das Vaterunser an; das sollen wir uns erst einmal klarmachen, wenn wir zu beten beginnen. Dann kriegen wir als erstes die rechte Ruhe und brauchen nicht nervös und panisch darauflos zu reden. Selbst im Luftschutzkeller sollten wir uns, ehe wir um Bewahrung unseres Hauses und unseres Lebens zum Himmel schreien, und ehe wir versuchen, noch dem Aufprall der heranheulenden Bombe mit dem Gebetsschrei »Herr, hilf!« zuvorzukommen – ich sage, selbst im Luftschutzkeller sollten wir uns ganz ruhig sagen: Der Vater weiß, der Vater weiß ... Er weiß es ganz einfach, was für seinen Lebens- und Ewigkeitsplan mit dir gut ist, ob du nun obdachlos und aller menschlichen Sicherungen beraubt aus dieser Nacht herausgehen sollst, oder ob dir noch einmal alles neu geschenkt ist, ob du leben oder in seine Ewigkeit abberufen werden sollst: Der Vater weiß, der Vater weiß ... Sei darum ganz ruhig: Und aus dieser Ruhe, aus diesem Friedensschluß deines Herzens mit dem Vater heraus darfst du nun beten.

Meinst du nicht auch, daß das Beten da auf einmal ganz anders wird, daß es nun auf einmal aufhört, ein heidnisches Geplapper zu sein, und daß es nun die Stimme eines lieben Kindes wird, das mit seinem lieben Vater spricht?

Der Vater weiß ...

Aber nun könnte ich mir denken, daß der eine oder andere mir entgegenhält: wenn der Vater schon alles weiß – nun, dann mag das gewiß ein Trost sein; aber hat das Beten dann selber noch irgendeinen Sinn? Ist es dann nicht überflüssig: um so mehr, als es ja obendrein auch oft genug noch falsch ist? Ist es nicht die einzige logische Folge, daß dieses Vorherwissen Gottes nun unser Beten *überflüssig macht?*

Ich gehe auf diesen Einwand einen Augenblick ein, weil er uns auf den tiefsten Sinn des Betens überhaupt führt.

Die Hauptsache beim Beten ist eigentlich nicht, daß wir bestimmte Anliegen vorbringen, sondern daß wir in Verbindung, in persönliche Gemeinschaft mit dem Vater kommen. Wenn ich gar nichts anderes tue, als nur von Herzen sage: »Lieber himmlischer Vater!«, dann ist die Hauptsache bereits geschehen.

Nun wissen wir aber schon aus menschlichen Gemeinschaften, daß zu ihnen einfach die Sprache hinzugehört. Wir alle wissen zum Beispiel um Ehen, in denen man nicht mehr miteinander spricht. Diese Ehen sind erstorbene Gemeinschaften und traurige Überreste einer längst versunkenen Liebe, auch wenn sie nicht geschieden sind. Zur lebendigen Gemeinschaft gehört das *Wort*, gehört der Austausch; und wenn Walter Flex einmal sagt, die Tiefe einer Freundschaft erweise sich darin, wie lange man miteinander schweigen könne, ohne daß es peinlich wirke, dann ist eben hier das *beredte* Schweigen gemeint. Dieses beredte Schweigen deutet auf einen Grad der Gemeinschaft, in dem man sich gleichsam in dauerndem inneren Austausch befindet, aber doch so, daß man ihn nicht mehr in gesprochene Worte zu fassen braucht, weil die Wellen des inneren und unhörbaren Gespräches immer hin und her spielen.

Weil also das Wort zu jeder persönlichen und lebendigen Gemeinschaft hinzugehört, steht auch das Wort im Mittelpunkt der Heilsgeschichte unseres Gottes. Darum wird Jesus geradezu das »fleischgewordene Wort« genannt; denn in allem, was er sagt und tut, wie er lebt und stirbt, spricht Gott ein Wort in mein Leben hinein, das Wort nämlich: Du sollst mein Kind sein, und mein ganzes Herz steht dir offen!

Darum hat uns Gott nicht nur fromme *Gefühle* und eine subjektive »Religiosität« gegeben, wie sie etwa unter dem Duft des Weihrauchs, unter dem Klang der heiligen Musik oder im Schweigen einer sonnendurchfluteten Waldlichtung geweckt werden mögen; diese frommen Gefühle vergehen, vielleicht schon in der nächsten Stunde, wenn mich irgendeine Katastrophennachricht erreicht. Das »Wort« aber vergeht nicht. Die Tröstung (und d. h. eben das Wort): »Ich habe dich bei deinem Namen gerufen, du bist mein«, gilt nicht nur, wenn es mir in der Feierlichkeit einer Gottesdienststunde nachgerufen wird, sondern es folgt mir auch nach in die Unfeierlichkeit meines feuchtkalten Luftschutzkellers oder in die verzehrende Sonnenglut der afrikanischen Steppe.

Darum heißt es eben auch nicht, wie es Goethes »Faust« gerne möchte: »Im Anfang war die Tat«, sondern es heißt eben und bleibt so: »Im Anfang war das Wort.« Denn Taten und Täter vergehen, und der Gischt, der ihre Kiellinie im Ozean der Geschichte bezeichnete, sinkt schon bald wieder zur Glätte der Wasserfläche zusammen, und kaum etwas erinnert dann noch an die Erscheinungen, die einmal so viele erregten und die Tiefen der Geschichte aufwühlten. Nochmals: Taten und Täter vergehen! Aber das Vater-»Wort« Gottes, das uns Menschen vom ersten Schöpfungstag an zuruft: »Du bist mein!« – dieses Wort besteht auch in den Sonnenfinsternissen der Geschichte und gilt noch unter dem Hufschlag der apokalyptischen Reiter und wird noch das rettende Wort in der großen Endabrechnung Gottes sein,

wenn der Richter auf uns zutritt und auf einmal unser Vater ist. Und seht, darum müssen auch wir durch unser »Wort« diese Gemeinschaft suchen. Nur wenn wir mit unseren Worten alles aussprechen, was uns bedrängt (die großen und die kleinen Sorgen, unsere Bedrängnis durch die Schuld und den Hunger nach Frieden), nur wenn wir das alles in »Worten« zusammenfassen und vor ihn treten und zu ihm dringen und zu ihm sprechen: »Du hast *gesagt:* Ihr sollt mein Antlitz suchen – siehe, hier suche ich es denn; du hast *gesagt:* Alle eure Sorgen werfet auf mich – hier werfe ich sie denn; du hast *gesagt:* Klopfet an, so wird euch aufgetan – hier klopfe ich denn; du hast *gesagt:* Alles, was ihr bitten werdet in meinem Namen, das soll euch werden – hier bitte ich denn; du hast es alles gesagt, und nun komme ich auf dein *Wort* hin« – – nur wenn wir so vor ihn treten, wird uns seine Gemeinschaft geschenkt und bekommen wir seinen Frieden zu spüren.
Wir lernen bei alledem noch etwas: daß der größte Segen dieses Betens nicht darin liegt, daß wir nun das ganz Bestimmte und Erbetene auch bekommen (wir sahen ja schon, daß Bitte und Erfüllung aus sehr tiefen Gründen nie zur Kongruenz zu bringen sind), sondern das glückhafte Geschenk des Betens besteht darin, daß wir nun die Gemeinschaft des Vaters bekommen, daß er uns sein ganzes Herz zum Geschenk macht – *daß wir alles aus seinen Händen nehmen können.* Darum geht unser Wille eben anders aus dem Beten hervor, als er hineingegangen ist. Er geht hervor als ein versöhnter, sich an den Vater anlehnender und sich ihm schenkender Wille, kurz als ein Wille, der alles, was da kommt, ob Liebes oder Leides, aus den ewigen und guten Händen quellen sieht, und der deshalb (nicht etwa in schmerzlichem Verzicht, sondern in kindlich vertrauendem Aufblick) sagen kann: »Nicht mein, sondern dein Wille geschehe!«
Von hier aus verstehen wir, warum wir das Wort und warum wir das Gebet brauchen, wenn wir in einer Lebensverbindung mit dem Vater stehen wollen.
Und ich glaube, ich sage nicht zuviel, wenn ich behaupte, man

könnte die religiöse Geschichte Deutschlands schreiben unter dem einen Gesichtspunkt, welche Rolle das Gebet gespielt hat und spielt. Es gilt, das eine ganz eindeutig und ganz klar zu erkennen: Wenn die Menschen aufhören zu beten, d. h. aufhören, *mit* Gott zu reden und in seiner Gemeinschaft ein- und auszuatmen, dann reden sie nur noch »über« Gott. Dann diskutiert man über ihn und setzt sich über die Gottesfrage auseinander. Und je mehr man über ihn redet, um so mehr ist der Faden und ist die Lebensbrücke zu ihm durchbrochen – obwohl diese Gespräche so fromm und so ernsthaft klingen. Es dauert dann nicht mehr lange, bis man auch nicht mehr »über« ihn spricht, sondern in einer mehr oder weniger atheistischen Weise zur Tagesordnung übergeht. »Ihr sogenannten religiös Interessierten, warum betet ihr nicht?« Der Seufzer eines Sterbenden zu Gott ist mehr als eine ganze religiöse Weltanschauung; denn bei jenem seufzenden und stammelnden Aufblick ist der Sterbende *allein mit Gott* – – und darauf kommt schließlich alles an; aber in der religiösen Weltanschauung sind die Menschen *unter sich*. In Deutschland sind die Menschen so entsetzlich unter sich, denn es hat aufgehört, ein betendes Land zu sein. Darum werden die Auen so dürr und die Herzen voll Haß, und der Segen beginnt zu weichen. Wenn wir die Gemeinschaft mit Gott verlieren, zerfallen wir auch untereinander. Die Schwerthand muß zugleich Bethand sein, sonst verdorrt sie.

Ich möchte nicht schließen, ohne noch einen letzten Gesichtspunkt angedeutet zu haben. Im Vaterunser schließen wir uns alle zur Gemeinschaft zusammen. Wir sagen ja *»Unser* Vater!«

An sich sind wir ja alle sehr verschieden, die wir dieses Gebet miteinander sprechen. Wir sind alte und junge, reiche und arme, gebildete und schlichte Menschen, wir gehören allen Rassen und allen Zeiten der Erde an. Aber quer durch alle diese Unterschiede hindurch geht eine einzige Gemeinsamkeit: wir sind alle Kinder unseres Vaters im Himmel. Auf ihn sind wir geworfen von Mutterleib an (Psalm 22, 11).

In dieser Kinderschar ist nun noch eine andere Stimme hörbar: die Stimme dessen, der uns seine Brüder genannt und der uns den Vater wiedergeschenkt hat, so daß wir nun »*mein* Vater«, »*unser* Vater« sagen dürfen. *Jesus betet mit.* Wenn wir schwach oder müde oder dumm beten, so hebt er unsere schwachen oder müden Worte mit seinen Händen auf, und in diesen Händen und in seinem Mund werden sie zu einem rechten Gebet. Und wenn wir ganz verstummen, weil die Übermacht der Verzweiflung uns umlagert oder die Worte in unserer großen geistigen Einsamkeit auf unseren Lippen ersterben (ich denke dabei an viele unserer christlichen Brüder draußen), so hört er nicht auf, uns priesterlich und treu zu vertreten. Jesus kann auch die Seufzer der Sterbenden noch verstehen, er kann sie mit Schmuck und Ehrenkleid bekleiden und sie zum Rang des höchsten Gebetswortes erheben. Er betet mit, der uns dieses Gebet gebracht hat.

Aber er betet zugleich ganz *anders:*

Wir Menschen müssen uns erst sammeln und alles abstreifen, wenn wir beten sollen. Die Welt ist ja unsere Heimat geworden mit ihren anderen Göttern und mit ihren vielen bedrängenden Sorgen und verzehrenden Wünschen. Die Region des Betens aber ist uns zur Fremde geworden. Deshalb fällt uns der Übergang aus unserer Weltheimat in die Gebetsfremde oft so schwer. Wir haben Sorgen im Kopf, wir sind zerstreut, wir sind von Zweifeln und vielen Abhaltungen umgetrieben, wir stehen auf der untersten Stufe und rufen sehr von ferne.

Jesus aber lebt im ständigen Ein- und Ausatmen der Ewigkeit. Für ihn ist das betende Gespräch mit dem Vater die Heimat, in die er immer wieder zurückkehrt, und für ihn ist das, was unsere Heimat ist, die Fremde; er opfert sich ja gerade auf, indem er in diese unsere Fremde hereinkommt. Aber er tut es, er will ja unser Bruder sein.

So können wir das »ungeheure« und »liebliche« Wort (Luther) »Unser Vater« nicht betrachten, ohne *seiner* zu gedenken, der als Bote des Vaters zu uns gekommen ist in die Fremde, und der uns nun an seinem Gebet teilhaben läßt und es dadurch erst gültig und himmelsfähig macht. Wir wären ja alle Waisen, wenn wir ihn nicht hätten, niemand würde uns hören, hätte er nicht den Himmel gesprengt. Wir liefen alle in der Irre wie Schafe, die keinen Hirten haben.

Aber nun *haben* wir einen Hirten, nun *ist* der Himmel geöffnet, nun *haben* wir einen Vater, nun mag kommen, was da wolle: das segnende und behütende Antlitz leuchtet über uns. Was soll uns dann umwerfen und aus den Angeln heben können, solange wir dieses Antlitz schauen und solange wir im Namen unseres Bruders Jesus Christus sagen dürfen: Abba, lieber Vater!

GEHEILIGT WERDE DEIN NAME

Heiliget Gott den Herrn in euren Herzen. 1. Petrus 3, 15

Luther sagt einmal in seiner Auslegung des Vaterunsers über diese Bitte das erschütternde Wort: »Ich weiß in der ganzen Schrift keine Lehre, die unser Leben mächtiger und mehr schwächt und vernichtet als dieses Gebet«; und als Begründung fügt er hinzu: »Wir leben alle ein Leben, in dem Gottes Name und Ehre ständig gelästert werden, wir haben andere Götter und wollen selber die Herren unseres Lebens sein.«

So ist die erste Bitte des Vaterunsers ein heimliches Bußgebet, ein Sündenbekenntnis von zermalmender Wucht, und keiner kann beten, der nicht diese Instanz des Gerichts, diesen Abgrund des Am-Ende-Seins durchläuft.
Denn zu jedem Gebet gehören zwei Voraussetzungen:
Einmal: Ich muß wissen, *zu wem* ich rede. Darüber belehrt uns Jesus ja auch als allererstes. Wir dürfen sagen: »Unser Vater!« Diese Anrede ist recht eigentlich ein stilles, gleichsam nur angedeutetes Dankgebet. Wenn ich dieses Dankgebet in Worte fassen sollte, würde ich sagen: »Gottlob, daß du da bist und uns hörst; gottlob, daß wir dir alles sagen dürfen – von den größten Dingen, die unsere Vernunft ausdenken kann, bis zu den alltäglichen Bagatellen, die unser Leben bedrängen. Gottlob, daß wir dir sagen dürfen von unserer Sehnsucht nach deinem Reich und zugleich von etwas so Kleinem wie unserer täglichen Brotration, die du deinen Kindern nicht versagen wirst; gottlob, daß wir *so* mit dir reden dürfen, und daß wir durch Jesus Christus deine lieben Kinder sind.«
Nicht wahr, das ist die erste Voraussetzung alles Betens: Wir müssen wissen, mit *wem* wir reden – – und daß es der Vater ist, der uns hört.
Die *zweite* Voraussetzung aber, die erfüllt werden muß und ohne die es kein echtes Beten gibt, besteht darin, daß wir auch wissen, wer *wir selber* sind. Im Gebet appellieren wir ja nicht nur an das Herz des Vaters, sondern wir schlagen auch an unsere Brust. Niemand kann »Vater« sagen, der nicht gleichzeitig sagt: »Ich komme aus einer großen Fremde und bin nicht wert, daß ich dein Sohn heißen soll. Vater, dein Name ist mir *nicht* heilig gewesen, ich habe ihn hundertfältig verleugnet.«
Wer das Vaterunser aufmerksam betet, sieht in jeder Bitte diese beiden Voraussetzungen erfüllt: nicht nur die eine, daß es wirklich der Vater ist, der hinter allem steht, was wir erbitten: hinter seinem Reich, das wir als seine Kinder ererben sollen; hinter dem täglichen Brot, das er uns so väterlich schenkt; hinter der Ver-

gebung der Schuld, die er uns täglich neu zuspricht. Nein, auch die andere Voraussetzung ist in allen Bitten des Vaterunsers gegeben: daß wir nämlich mit jedem Wort bekennen, wer wir selber sind. »Vater, dein Name spielt eine so grausam geringe Rolle in meinem Leben; der Name meines Chefs, der Name der Männer, die heute Geschichte machen, der Name des liebsten Menschen steht mir so viel höher und brennt mir so viel mehr auf den Nägeln als der deine.«

»Vater, ich lasse deinen Willen ja immer wieder nicht geschehen. Ausgerechnet ich als dein Kind falle dir protestierend und nörgelnd immer wieder in den Arm, wenn du mein Leben so wunderbar und geheimnisvoll führst.«

»Vater«, so drückt es Luther einmal aus, »ich lebe in einem hungrigen Land ohne Brot«, und wenn ich auch selber noch nicht zu hungern brauche, so lebe ich doch in einer Welt, in der Millionen an Unterernährung sterben und vor die Hunde gehen, weil die Welt aufgehört hat, unter deinen Augen zu leben und als Kinderschar das Brot unter sich zu teilen.

So könnte ich das ganze Vaterunser entlanggehen und in jedem Vers diese Anklage und diesen Bußruf zeigen. In all diesen Bitten spreche ich ja nicht nur: »Du bist mein Vater«, sondern jede Bitte springt auch geheimnisvoll auf mich selber zurück als ein verhaftender Gottesspruch: »Du bist der Mann« (2. Sam. 12,7):

»Um deinetwillen ist mein Name verunehrt in deiner Umgebung, bei deinen Kameraden, in deinem eigenen Leben, weil du ihn so wenig durchscheinen lässest durch deine Worte und dein Handeln.«

»Um deinetwillen kann mein Reich nicht kommen. Wie willst du ihm Wegbereiter in deinem Volke sein, wenn dein eigenes Leben von Schlagbäumen, Barrieren und Verteidigungszonen nur so strotzt und wenn du dir ganz bestimmte Monopole in deinem Leben reservierst, in die ich dir nicht hineinreden darf?«

»Du bist der Mann«, sagt Gott, »der immer hinaustrompetet:

›Ja, Vater, dies alles will ich dir ausliefern‹, und der dann heimlich fortfährt: nur dies eine nicht: In meinem Geschäft kann ich deinen Namen nicht brauchen, in meiner Geschlechtlichkeit kann ich dich nicht haben, nur auf diesem einen Gebiet möchte ich mit meinem eigenen Namen zeichnen, denn da bin ich so und so veranlagt oder da verlangt das Leben dies und das von mir.«
»Du bist der Mann«, spricht Gott, »der so wenig erlöst aussieht und darum den giftigen Samen des Vorurteils in seiner Umgebung ausstreut: Du, nur du bist der Mann!«
Wahrhaftig, man kann das Vaterunser nur dann zur Ehre Gottes beten, wenn man es zugleich *gegen sich selbst* betet. Und wer es noch nicht gelernt hat, dieses Gebet aus der Tiefe zu rufen, der hat es überhaupt noch nicht gerufen.
Denn tatsächlich ist es ja so, wie schon angedeutet wurde: daß wir unsere Monopole Gott gegenüber unbedingt sichern wollen und daß es Bereiche in unserem Leben gibt, die wir in der hartnäckigsten Weise für uns behalten und Gott nicht ausliefern wollen, Bereiche, von denen wir ganz genau wissen, daß Gott sie niemals mit seinem Namen unterzeichnen könnte, und die wir deshalb im untersten Schubfach unseres Lebenstisches verschwinden lassen.
Jedes Leben kennt solche Heimlichkeiten und dunklen Dokumente, die nur unseren eigenen Namen tragen und die Gott niemals gegenzeichnen würde.
Das ist ja unsere entsetzliche Not, daß unser Leben diese Heimlichkeiten hat, und daß wir sie Gott nicht auszuliefern wagen. Nur ein Leben, das von Gott mit seinem Namen unterschrieben werden könnte, wäre erlöst und im Frieden. So müssen wir doch zunächst ganz einfach sagen. Oder –?
Nun wissen wir freilich eines mit aller Bestimmtheit, und auch die krassesten Heiden dürften das wissen:
Es gibt überhaupt kein Leben, es ist auch noch niemals eines in der Welt gelebt worden (außer dem einen Leben des Jesus von Nazareth), das Gott mit seinem Namen unterzeichnen könnte.

Und wir wissen ebenso bestimmt, daß wir es auch niemals dahin bringen werden, es unterzeichnungsfähig zu gestalten. Denn das Dokument unseres Lebens ist ein *Schuldbrief,* ein Aktenstück darüber, was wir schuldig geblieben sind und nicht bezahlen können. Gott kann sich niemals mit seinem Namen dazu bekennen.

Aber wenn ich das Wort vom »Schuldbrief« gebrauche, dann hören wir als Leute, die in der biblischen Sprache nicht ganz unbewandert sind, sofort jene ganz neue Botschaft heraus, die uns Jesus bringt, die Botschaft nämlich: Dieser »Schuldbrief« ist *zerrissen,* er ist ans Kreuz geheftet (Kol. 2, 14).

Gewiß, es stimmt einfach, und es wird auch im Grunde von niemandem ernsthaft bezweifelt, daß Gott niemals seinen Namen unter unseren Lebensakt schreiben kann; es steht zu viel drin, was diesem Namen ins Gesicht schlägt und ihn besudelt. Aber nun tut Gott etwas ganz anderes, er tut etwas unerhört Neues, ja er tut etwas, was wir niemals für möglich halten könnten, wenn es nicht so greifbar in Jesus Christus vor uns stünde und wenn es nicht mit seinem Blute besiegelt wäre: Er läßt den Sohn mit seinem Namen dafür bürgen, daß er in uns die Brüder und Schwestern unseres Heilandes sehen will und nicht mehr die Vagabunden und Abenteurer und Rebellen ihres eigenen, verlorenen Lebens.

Damit gewinnt das Wort »Geheiligt werde dein Name« auf einmal einen völlig neuen Klang, ja einen geradezu unerhörten Sinn, den man nur verstehen kann, wenn man um Jesus Christus weiß.

Wir heiligen seinen Namen jetzt nämlich nur so, daß wir es *anerkennen,* daß wir es zitternd und lobend *zugeben:* Das Dokument meines Lebens ist zwar ein Schuldbrief, aber in Jesu Namen ist er zerrissen.

»Geheiligt werde dein Name«, heißt es, also nicht mehr: »Ich will dafür sorgen (mit deiner Hilfe, Gott, und ich bitte dich um deinen Beistand) und will mich dafür verbürgen, daß mein Leben gesäubert und durchheiligt wird; ich will dafür sorgen und mich dafür verbürgen, daß ich in Zukunft wirklich recht tue und niemand scheue; ich will es dahin bringen, daß du dich getrost mit deinem Namen dazu bekennen kannst, Gott.«

So können wir das Wort »Geheiligt werde dein Name« jetzt nicht mehr verstehen; und alle, die es so verstehen wollten, sind an ihrem Vorhaben gescheitert, vom reichen Jüngling an bis zum ethischen Idealisten unserer Tage.

Sondern »Geheiligt werde dein Name« heißt jetzt: »Vater, ich will es dir *glauben,* daß du den Schein zerrissen hast; Vater, ich will es dir *glauben,* daß Jesus das alles gutgemacht hat; Vater, ich will es dir *glauben,* daß ich nun in seinem Namen aufs neue dein Kind sein darf; Vater, ich wage es nun wirklich zu beten (so wie das die kleinen Kinder von ihrer Mutter gelehrt bekommen): ›*Christi* Blut und Gerechtigkeit, das ist mein Schmuck und Ehrenkleid, damit will ich vor Gott bestehn, wenn ich zum Himmel werd eingehn.‹

Ich kann bestehen, ich kann bestehen! Ich bin zurück aus der Fremde mit meinem verlorenen Leben und dem vielen, womit ich nicht fertig geworden bin, und siehe, da flutet das Leuchten des Vaterhauses mir entgegen, und dieses Leuchten geht aus von den festlichen Sälen, in denen ich mit meinem Vater zu Tische sitzen darf.«

Seht, dies alles heißt jetzt – geheimnisvoll verändert – »Geheiligt werde dein Name«. Es heißt: »Ich rufe aus der Tiefe, gewiß, aber in dieser Tiefe ist mein Heiland bei mir. Ich habe keinen Reich-Gottes-Paß, auf dem die Unbescholtenheit meines Lebens bezeugt wäre und unter den du deinen Namen setzen könntest; gewiß, *diesen* Paß besitze ich nicht; es ist nur eine Anklageschrift, die ich in Händen halte. Aber du hast deinen Namen dazu gegeben, daß sie *zerrissen* ist, und auf diesen Namen, auf ihn allein, will ich es glauben. Jesus Christus hat es gesagt; Jesus Christus hat es getan; auf seinen Namen bin ich getauft und in seinem Namen komme ich.« Dies und nichts anderes zu sagen und zu rufen und darauf zu trotzen, das heißt jetzt: »Geheiligt werde dein Name.«

Aus einer Bitte, die uns bis ins Innerste erschrecken muß, ist der

Jubelruf eines Kindes geworden – eines Kindes, das den Namen des Vaters nunmehr nicht tiefer heiligen kann als so, daß es ihn »Vater« zu nennen wagt und es einfach annimmt und sich schenken läßt, daß die Schuldschrift nicht mehr existiert. Christus ist hier! – was darf mich noch scheiden von der Liebe Gottes?! Christus ist hier! – was in aller Welt – vom Teufel angefangen bis hin zum eigenen Gewissen – darf mich noch verklagen und daran hindern, ein Kind zu sein und vom Vater gerufen und ins Haus geholt zu werden?

Fällt es nun eigentlich nicht auf, daß im Vaterunser keine einzige Bitte ist, Gott möge mich zu einem geheiligten, frommen und glaubenstüchtigen Menschen machen, er möge mir in der »Heiligung« voranhelfen?
Wenn ich das so feststelle, möchte ich damit nicht zu sagen wagen, man dürfe um diese Dinge nicht bitten. Aber es fällt einem doch auf, daß eine solche Bitte, die sich auf das Wachstum meines inneren Menschen und auf mein geistliches Weiterkommen bezieht, einfach fehlt.
Etwas anders ausgedrückt: Wo es nach unserer Meinung heißen könnte und wohl auch mit Recht heißen dürfte: »Herr, führe du mich weiter in der Heiligung meines Lebens«, da wendet Jesus unseren Blick von uns selber und sogar von unserem frommen Menschentum weg, da lenkt er ihn auf den Vater. »Nicht ich, sondern dein Name möge geheiligt werden.« Was will er damit sagen? Ganz einfach dies: Wenn ich ein neuer Mensch werden will, dann soll ich nicht bei mir selber anfangen, weder bei meinen guten Vorsätzen noch bei etwaigen sittlichen Anstrengungen. Das führt nämlich zu nichts, obwohl es uns von den Philosophen, den Ethikern und anderen rechten Leuten empfohlen wird. Denn diese alle pflegen ja in einem einzigen großen Sprechchor zu verkündigen: Man kommt nur dann vom Fleck und innerlich weiter, wenn man seine Pflicht tut, wenn man seine Ideale hat und wenn man sich bemüht, ein guter Mensch zu werden.

Ich möchte diese ehrlichen Bemühungen wahrhaftig nicht madig machen, und ich kenne manchen wackeren Idealisten und manchen tüchtigen Pflichtmenschen, der uns Christen Mores lehren könnte, und wo es nur heißen kann: »Hut ab!«

Auch Jesus hat diese ernsthaften Kampfesmenschen nicht in Bausch und Bogen abgelehnt. Als der reiche Jüngling, der ein solch ehrlicher Arbeiter an sich selber war, zu ihm hinkam und ihm berichtete, wie er mit sich selbst gekämpft und gerungen und was er sich abgetrotzt habe – »ich habe alle Gebote gehalten von meiner Jugend an« –, berichtet der Evangelist als erste Reaktion des Herrn: »Jesus sah ihn an und liebte ihn.«

Aber aus einem ganz bestimmten Grund kann uns diese nur idealistische Einstellung zum Leben nicht weiterführen. Und ich erinnere noch einmal, um zunächst nur die Tatsache als solche festzustellen, an die Gestalt des reichen Jünglings, der ja bekanntlich, nachdem er alle Gebote gehalten hatte von seiner Jugend auf, zu Jesus hinkam und ihn fragte: »Was muß ich tun, daß ich das ewige Leben ererbe?« Wohl verstanden: er kam nicht als ein krasser Anfänger zu Jesus, um sich für seinen Lebensstart einige gute Ratschläge geben zu lassen, sondern er hatte schon aus eigener Kraft den größten Teil der Kampfbahn durchmessen, und gerade indem er seine Lebensbahn so tapfer durchlaufen hatte, war ihm irgendwie plötzlich aufgegangen, daß es so nicht gehe und daß er sein ganzes Leben offenbar völlig umstellen müsse. Was mag wohl der letzte Grund dafür sein, daß dieses aus eigener Kraft gemeisterte und angepackte Leben uns nicht weiterführt?

Die Ur- und Hauptfrage unseres Lebens besteht darin, ob wir Verbindung mit Gott haben. Soll dies in einem Bild ausgedrückt werden, möchte ich so sagen: Wenn diese »außenpolitische« Beziehung meines Lebens in Ordnung ist, dann bin ich auch im Bereich meines Innern richtig. Kein Mensch kann innerlich leben, wenn er sich von seinem Urquell abschneidet und wenn er sich hinter die Grenzen seines Innern zurückzieht, um sein eigenes, autarkes Leben zu versuchen.

Wenn der Mensch aus der Nähe Gottes entweicht, dann geht es ihm so ähnlich wie jemandem, der nicht an die Sonne kommt und der also künstlich von dem Lebenselement isoliert wird, dem er doch zweifellos von Natur aus zugeordnet ist. Es beginnen dann sofort Verfallserscheinungen, weil die lebenspendenden Wirkstoffe fehlen. Wir können diese Tatsache ja auch oft genug im alltäglichen Leben beobachten, zum Beispiel bei Arbeitern, die unter Tage vom Sonnenlicht abgesperrt sind oder die in ungesunden Fabrikbetrieben dahindämmern, oder auch bei unseren Brüdern im hohen Norden. Da legt sich dann auf den Menschen eine lähmende Müdigkeit und eine Unlust zu allem und jedem. Er ist eben buchstäblich vom Lebensquell abgeschnitten.

Darum ist es auch nicht verwunderlich, daß er nun nach künstlichen Anregungsmitteln sucht; er schluckt (so er hat) Koffein, peitscht sich auf durch Nikotin oder durch andere Präparate. Aber das bißchen Scheinleben, zu dem er sich auf diese Weise aufrüttelt, ist nur ein Selbstbetrug. Er wird, auf lange Sicht gesehen, nur elender dadurch, und sein Kater wird auf die Dauer immer größer und kehrt in immer kürzeren Abständen wieder – – statt daß er nur eines tut: daß er in die Sonne springt und die Verbindung mit ihren lebenspendenden Strahlen wiederherstellt, daß er sich also seiner eigentlichen Bestimmung, unter der Sonne zu leben, zurückgibt.

Und seht, genauso geht es dem Menschen, der sich aus der Nähe Gottes entfernt und in die Fremde geht, wo er selbständig zu sein und mit eigenem Dampf sein Leben zu betreiben hofft. Er verläßt die Sonne, zu der er doch von Natur gehört, und beraubt sich selbst ihrer lebenspendenden Kraft.

Darum versucht er es dann (und muß es versuchen) mit künstlichen Anfeuerungsmitteln. Er peitscht sich auf mit dem Pflichtgedanken, er begibt sich unter die Knute des ewigen »Du sollst«, unter die Peitsche des Gesetzes. Er sucht sich zu beleben durch Vorbilder und Ideale, oder auch er greift zu den ganz billigen Betäubungs- und Anfeuerungsmitteln. Zu diesen allerbilligsten mag zum Beispiel der Ehrgeiz gehören sowie der Wille, unbedingt seinen Mitmenschen zu imponieren und etwas vorzustellen. So versucht er denn alles, was er hat, möglichst geschickt im Schaufenster seines Lebens auszubreiten, und ich zweifle nicht daran, daß diese Leidenschaft zum Schaufenster allerhand Ausstellungsleistungen zu zeitigen vermag, so daß die Menschen stehen bleiben und sagen: »Oha«, oder auch: »Es ist wirklich allerhand!«

Aber wir müssen uns darüber klar sein, daß das alles nur künstliche Stimulantien und Aufpeitschungsmittel sind.

Die ehrlichen Menschen, die das versuchen, haben denn auch immer wieder einmal das bekommen, was ich soeben den »Kater der Sonnenlosen« nannte. Sie merkten: so kommen wir nicht weiter, und etwas Entscheidendes fehlt uns. Weshalb wäre denn auch sonst der reiche Jüngling zu Jesus hingelaufen, um ihn zu fragen, was ihm denn eigentlich fehle und warum er in seinen stillen Stunden immer wieder in jenen großen Katzenjammer des sittlichen Leistungsmenschen verfalle? (Denn diesen »Katzenjammer« hatte er doch zweifellos, auch wenn wir ihn vielleicht etwas vornehmer und diskreter dadurch beschreiben könnten, daß wir sagten, er sei an einen »kritischen Punkt« seines inneren Lebens gekommen, wo er der Hilfe des Seelsorgers bedurfte.) Jesus sagt ihm denn auch auf den Kopf zu: »*Eines* fehlt dir.«

Und es kommt für alle diese Menschen ja tatsächlich nur auf eines an: daß sie das eigene Sich-Aufpumpen und Selbermachen-Wollen bleiben lassen und sich wieder in die Sonne begeben. Dann wäre ihre natürliche Bestimmung wiederhergestellt, und ihr Leben käme in Ordnung, käme in Frieden.

Liebe Gemeinde, ich glaube, es ist klar geworden, warum ich so ausführlich von diesem Verhältnis des Menschen zur Sonne sprechen mußte. Wenn Jesus uns nicht bitten lehrt: »Mach mich zu einem geheiligten, einem frommen Menschen«, sondern wenn er uns sagen lehrt: »Dein Name werde geheiligt«, dann gibt er damit zu verstehen: Es kommt ja gar nicht primär auf euer eigenes

Aufpumpen und auf euren inneren Fortschritt an; ihr dürft überhaupt nicht selber euer Ziel sein; sondern es kommt alles darauf an, daß ihr bereit seid, *Gott* in eurem Leben zu ehren und ihn wirken zu lassen, ihm einfach mal stillezuhalten und ihn »den Heiligen« sein zu lassen, der euch nun wirklich über alle Menschen und Dinge geht. *Dann kommt das andere alles von selbst.* Wenn ihr euch in die Sonne oder besser unter die Sonne stellt, könnt ihr gewiß sein, daß euch auch innere Kräfte und Segensströme zufließen werden. Das kommt dann ganz von allein, und ihr braucht euch nicht mehr künstlich durch den Pflichtgedanken und das Gesetz aufzupeitschen und anzutreiben. Luther sagt denn auch ganz in diesem Sinne: Einem Stein, der in der Sonne liegt, braucht man nicht erst zu befehlen, daß er warm werde, sondern er wird es – ganz von selbst.

Oder meint ihr nicht, daß ein Mensch, der sich von Jesus die Lebensverbindung mit dem Vater schenken läßt, nun wirklich auch in seinem Innern ganz anders wird? Daß eine große Freude über ihn kommt, weil er wieder an seinen Urquell angeschlossen ist? Daß sein Verhältnis zur Zukunft anders wird, daß er nämlich aufhört zu sorgen und statt dessen den kommenden Tag getrost aus den guten Händen Gottes empfängt? Daß sein Verhältnis zum Mitmenschen anders wird, weil er ja auch ein Augapfel des Vaters ist und von ihm geliebt wird? Daß sein Verhältnis zu den ungelösten Fragen seines Lebens, zum Beispiel zur Schuld, anders wird, weil er wissen darf: Dies alles darf mich nicht mehr scheiden von der Liebe meines Vaters –? Meint ihr nicht, daß in der Tat auch das Innere des Menschen so verwandelt wird, wenn das Verhältnis zur Sonne geregelt ist?

Nochmals: Die Lösung unserer Lebensfrage (wie wir nämlich neue Menschen werden) liegt nicht in uns selber, sondern sie liegt außer uns. Sie ist gleichsam keine Angelegenheit unserer »Innenpolitik«, sondern der »Außenpolitik«. Und wir müssen hier in einem übertragenen, aber doch sehr genauen Sinn wirklich mit dem Satz Bismarcks Ernst machen, daß die Außenpolitik stets den Primat haben müsse. Die Lösung unserer Lebensfrage, sage ich, liegt nicht in uns selber, sondern sie liegt in der Gemeinschaft, die wir mit Gott haben oder die wir nicht haben.

Wer seinen Namen heiligt und ihn seinen Herrn sein läßt, ihm sein Leben ausliefert, wird ganz von selbst und eh' er sich's versieht in einen großen Genesungsprozeß hineingezogen und wird ein neuer Mensch. Man kann eben nicht ein »neuer Kerl« werden, indem man sich vornimmt: »Ich will einer werden«, sondern nur so ist das möglich, daß wir uns in diesen Lebensprozeß der Gemeinschaft mit Gott hineinschalten lassen. *Das* ist der eigentliche Sinn unseres Lebens; und der »neue Kerl« ist immer nur ein Nebenprodukt bei diesem Arbeitsgang. Diese Reihenfolge der Vorgänge muß man genau beachten, wenn es einem um die Lösung der Lebensfrage geht und wenn man verstehen will, wie Paulus und Luther darüber gedacht haben (was sie zum Beispiel über die Rechtfertigung gedacht und gelehrt haben).

Luther spricht ganz in diesem Sinn davon, ein Christ sei ein Mensch, »der aus einem dunklen Hause in die Sonne springt«.

Gewiß, selbst Luther würde nicht bestreiten, daß der Mann auch im dunklen Hause seines Lebens und in seiner Abgeschnittenheit von der Sonne sich zu Lachen und Fröhlichkeit zwingen kann; aber er würde sofort hinzusetzen, daß dieses Lachen und daß diese Fröhlichkeit unecht und gezwungen seien, daß sie nur eine Maske vorstellten. Und spüren wir nicht in der Tat bei den vielen öffentlichen Belustigungen unserer Zeit diese Maske, die die Menschen einen Augenblick lang vor ein unglückliches Gesicht hängen, das in seinem Unglück ständig von innen heraus noch mehr verzerrt wird?

Über der Seele dieses Mannes, der im dunklen Hause sitzt, würden die düstersten Schatten liegen, während sein Gesicht zu einer künstlichen Freude verzogen wäre. Kein Mensch kann eben von sich selbst aus jene tiefste Freude produzieren, und vor allem kann er das nicht aus seinem Innern heraus.

Erst wenn er draußen ist, wenn er herausgesprungen ist, wird die

Freude »von innen« heraus kommen, weil sie eben »von außen« hereingekommen ist – so paradox muß man das schon ausdrücken.
»Die Sonne, die mir lachet, ist mein Herr Jesus Christ, das was mich singen machet, ist, was im Himmel ist.« Versteht ihr, *im Himmel* ist es, nicht in mir! Darum muß ich eben mit dem Himmel in Verbindung kommen.
Das meint Jesus, wenn er uns indirekt sagt, daß ich nicht mit meiner eigenen Heiligkeit, mit meinem eigenen sittlichen Fortschritt beginnen soll, sondern daß mein ganzes Gebet sich auf das eine zu konzentrieren hat, daß *Gott* mir heilig werden soll, daß *er* den beherrschenden Platz in meinem Leben bekommen soll.
Und zugleich zeigt sich hier wieder, wie sich die tiefste und die schlechthin entscheidende Frage unseres Lebens auf einen einzigen Nenner bringen und in einem einzigen Namen zusammenfassen läßt: in dem Namen »Jesus«.
Er ist es ja, der mich aus dem dunklen Hause meines vaterlosen Lebens herausholt. Er ist es ja – er allein –, der es mir zuruft, daß die Sonne mir lachet, daß wirklich ich gemeint bin, wenn der Vater sagt, daß mich niemand mehr verklagen kann und darf, daß er mich liebhat und daß ich mich nicht fürchten soll.
Ich bin es, dem er sagt: »Dir sind deine Sünden vergeben.« Ich bin es, dem er zuruft: »Stehe auf, nimm dein Bett und wandle.« Ich bin es, dem er sagt: »Sorge nicht für den andern Tag.«
Der Schuldbrief ist zerrissen, der Sohn Gottes nimmt mich bei der Hand, der Vater wartet auf mich.
Ade, du dunkles, altes Haus, in dem ich bisher lebte! Jetzt weiß ich erst, *wie* dunkel du warst, jetzt weiß ich's erst, wo ich das Licht kenne.
Gelobt sei, der das alles an mir getan hat! Sein Name werde geheiligt!

DEIN REICH KOMME

Da aber Johannes im Gefängnis die Werke Christi hörte, sandte er seine Jünger und ließ ihm sagen: Bist du, der da kommen soll, oder sollen wir eines andern warten?
Jesus antwortete und sprach zu ihnen: Gehet hin und saget Johannes wieder, was ihr höret und sehet:
Blinde sehen und Lahme gehen, Aussätzige werden rein und Taube hören, Tote stehen auf und Armen wird das Evangelium gepredigt; und selig ist, der nicht Ärgernis nimmt an mir.

MATTHÄUS 11, 2–6

Ist es nicht schon ein Trost und eine Botschaft besonderer Art, daß nach all den Feuerstürmen, die über unsere schwerverwundete Stadt hinweggerast sind[1], eine Predigt anfangen darf mit den Worten: »Wir fahren in der Betrachtung des Vaterunsers fort« –? Wir brauchen uns nicht umzustellen und nicht künstlich nach Katastrophentexten zu suchen. Die Worte des Vaterunsers sind unmittelbar zu allen Geschicken: Der Bauer kann es nach vollbrachtem Tagewerk beten und sich von der großen Stille des herbstlichen Abendfriedens einhüllen lassen; die Mutter kann es mit ihren Kindern im Luftschutzbunker beten, während die Todesfrachten über sie hinwegziehen; das kleine Kind darf es in einer ersten Ahnung väterlicher Behütung sprechen und auch der alte Mensch in der Anfechtung des letzten Stündleins.

Wie schlechthin ausnahmslos es von allen und allenthalben gesprochen werden darf, das merken wir in dieser Stunde, wo wir als kleiner, verstörter Rest der Gemeinde in der Ruine unserer ehrwürdigen Kirche zusammengekommen sind, und wo wir nun einfach sagen dürfen: »Wir fahren fort...«, als ob überhaupt nichts geschehen wäre. Denn was ist auch schon geschehen, wenn wir die Ewigkeit zum Maßstab nehmen? Ist Gott weniger der Vater als früher? Fällt das übermächtige Geschehen der letzten Zeit aus dem Rahmen der Botschaft heraus, oder ist es nicht umgekehrt selber eine Botschaft, durch die Gott in Schrecken und Wehen, in Untergängen und Feuer besiegelt, was er in Gericht und Gnade schon immer verkündet hat?

Und so fahren wir denn in der Tat fort; der Raum des Vaterunsers umschließt die ganze Welt und also auch uns in dem schrecklichen Ausnahmefall des Lebens, in den wir nun alle hineingeknechtet sind.

Unsere Generation hat es ja gelernt, das Gesicht des Todes hin-

1 Diese Rede mußte im Chor der Hospitalkirche gehalten werden, weil den unmittelbar vorangegangenen Fliegerangriffen die Kirche selbst zum Opfer gefallen und in eine arme Ruine verwandelt worden war. Auch das Stadtinnere Stuttgarts war total zerstört worden.

ter den Menschen und hinter den Dingen zu sehen! Begegnen wir einem strahlenden, gereckten Menschen, so wissen wir mit tragischer Bestimmtheit, wie anders das schon morgen sein kann, und der Vers des alten Soldatenliedes mag uns einfallen: »Ach, die Rosen welken all.«

Und ferner: Wenn wir als Bewohner einer schwer zerschlagenen Stadt durch eine unversehrte, blühende Ortschaft gehen, so vollzieht unser Auge unwillkürlich eine kleine Überblendung, und plötzlich verwandeln sich die intakten Fassaden in grausig verstümmelte Häuserwände, in deren öden Fensterhöhlen das Grauen wohnt. Wir wissen, wie ein Haus unter seiner glatten Oberfläche aussieht, und unsere Phantasie kann erschütternd leicht die kleine Umstellung vollziehen, daß sie das geordnete System der Balken in ein chaotisches Wirrsal bizarrer und splitternder Holzfragmente verwandelt sieht. Immer wieder taucht hinter den lebendigen Zügen das Todesgesicht und hinter der Ordnung bürgerlichen Hausfriedens der Schatten der Ruine auf. Wir sind *auf das Ende aller Dinge geworfen,* und das Gleichnis alles Vergänglichen ist uns immer wieder – wo es nun wirklich mit der Vergänglichkeit Ernst wird – zu fratzenhaft, als daß es noch durchsichtig wäre.

In dieser Welt des Todes, in diesem Reich der Ruinen und der Trichterfelder bitten wir: »Dein Reich komme!« Wir bitten es inbrünstiger denn je.

Die ganze Tiefe dieser Bitte können wir nur verstehen, wenn wir bedenken, daß dieses Reich im Schnittpunkt zweier biblischer Linien zu suchen ist:

Die eine Linie ist absteigend und deutet an, daß die Menschheit in einer ständig sich vergrößernden Entfernung von Gott lebt. Sie begann ihren Weg in der paradiesischen Gemeinschaft mit Gott, die gleichsam das Urbild des Reiches Gottes ist. Aber sofort beginnt die trotzige Eigenständigkeit und die Abkehr vom Vaterhaus. Was als Protest des einzelnen, als individuelle Sünde, beginnt, setzt sich im babylonischen Turmbau als Kollektivschuld

fort und gewinnt die stürmische und umfassende Gestalt einer fortreißenden Lawine. Und wenn man einen Augenblick lang diesen Vorgang verharmlosen und annehmen möchte, hier lägen vorübergehende und nur menschlich allzu menschliche Triebentgleisungen vor, so belehrt uns die Geschichte der Abgötterei im Alten Bunde unzweideutig dahin, daß der Mensch sich in seiner Eigensucht und in seinem Trotz unter die Herrschaft fremder Herren und Tyrannen begeben hat, denen er sich wohl freiwillig verschreiben kann, deren herrischen und dämonischen Druck er aber nicht abzuschütteln vermag, wenn er einmal die Bannmeile des »Jenseits von Gott« überschritten hat. So führt uns diese Linie des Abstiegs unwillkürlich in das Geheimnis des göttlichen *Gerichtes.* Denn Gottes Gericht besteht nicht darin, daß er mit einem Donnerkeil vom Himmel herab die Frevler vernichtet, sondern dieses Gericht besteht darin, daß er sie ihrer eigenen Unseligkeit überläßt und sie zwingt, den einmal beschriebenen Fluchweg durch alle Phasen seines Schreckens zu Ende zu gehen.
»Darum hat sie auch Gott dahingegeben ...« (Röm. 1, 24) – er überläßt sie sich selbst und läßt sie machen; das ist sein furchtbares Gericht. Es gibt nichts Schrecklicheres als den sich selbst überlassenen Menschen. Denn alle Instinkte und Kräfte, die sich vorher gegen Gott kehrten, richten sich nun gegen ihn selber, und er wird nun selbst und in höchst eigener Person das Opfer seiner Eigensucht, seines Größenwahns und seiner Lebenslüge.

Ich glaube, daß wir mit dieser Charakteristik der Gottesgerichte zugleich das Schlüsselwort gefunden haben, mit dem sich das Geheimnis unserer wahrhaft apokalyptischen Weltlage und auch das Geheimnis unserer so schrecklich heimgesuchten Stadt erschließen läßt:

Viele Menschen scheinen in diesen furchtbaren Schicksalswochen in ihrem Glauben an Gott vollends irre zu werden; sie beginnen zu fragen, wie er das »zulassen« könne. Es wäre aber besser, sie würden in ihrem Glauben an den *Menschen* irre werden. Es wäre besser, sie ließen sich ernüchtern in ihrem phantasievollen Fortschrittsglauben, und sie würden ein wenig unpathetischer vom »Edlen im Menschen« oder vom Vorrang der zivilisierten Rassen sprechen. Aber da diese Ernüchterung uns allen offenbar von Natur aus sehr schwerfällt, so gibt Gott uns an die Torheit jener menschlichen Rauschzustände dahin und sieht zu, wohin das Torkeln unter dem Rauschgift der Götzen uns führt. Gott exerziert Schritt um Schritt die ganze Fehlrechnung mit uns durch, bis es auch der Verblendetste sehen müßte, vor welchem Bankrott er steht. Gott überläßt den rebellischen Menschen seiner eigenen Konsequenz. Das ist die furchtbarste Gestalt seines Gerichtes. Und niemand darf diesem verordneten Schicksal in den Arm fallen[1], er muß selber den Taumelkelch bis zum letzten Tropfen austrinken. Dann wird er vielleicht noch einmal und dann wirklich erfahren, was gut und böse ist; aber er wird es dann auf neue Art und noch ganz anders wissen als in jenem Anfangsaugenblick, wo er nach der paradiesischen Frucht griff.

Es kommt viel darauf an, diese Gestalt des Gerichtes zu erkennen, in der wir mitten inne stehen. Nur die Bibel läßt uns die Stunde verstehen, weil sie um den Inbegriff und den Maßstab aller Stunden, weil sie um die Ewigkeit weiß.

Wenn ich wie alle Prediger in den letzten Jahren so manchmal Buße predigen mußte, kam ich mir immer wieder vor wie ein Sturmvogel am heiteren Himmel, dem die Menschen nicht glauben wollten, weil sie die Zeichen der Zeit nicht verstanden (wie sollten sie auch, wo sie die Ewigkeit unterdrückten und die bevorstehenden Entladungen nicht wahrhaben wollten?). Sie essen und trinken, freien und lassen sich freien und belächeln die, welche ihre Arche bauen, um die Fluten und Gerichte damit zu bestehen. Und ich meine nun: Jetzt, wo der Himmel seine Schleusen aufzutun beginnt und die großen Wehen begonnen haben, könnten wir Christen trotz allem ruhiger atmen, weil nach einem großen und beklemmenden Schweigen Gott nun wieder zu reden begonnen

1 Der Umsturzversuch des 20. Juli 1944 war gerade vorangegangen und brutal niedergeschlagen worden.

hat, wenn es auch eine Rede im Wetter ist. Aber der dumpfe atmosphärische Druck, in dem wir auf das Kommende warteten, ist gewichen, und das Reden im Zorn ist leichter zu ertragen als das Schweigen. Wir sehen die Pläne Gottes wieder in der Verwirklichung; und je mehr die Pläne des Gerichtes mit Macht realisiert werden, um so mehr dürfen wir hoffen, daß auch die Verheißungen und Tröstungen in Kraft sind und daß die Wirklichkeit des Vaters der Wirklichkeit des Richters wahrhaftig nicht nachsteht.

So sehen wir die eine Linie ganz klar: es ist die Linie des Abstiegs; es ist jene Gerade, die in den Schrecken der an sich selbst zugrundegehenden Welt endet, so wie sie das letzte Buch der Bibel erschaut und wie sie auch die Endausblicke des Herrn selber zum Ausdruck bringen (Matth. 24 und 25).

Aber daneben steht noch eine andere Linie: sie ist bezeichnet durch das gleichzeitige und in alledem sich vollziehende *Kommen des Reiches*. In dem gleichen Maße, wie die Menschen sich von Gott abkehren und dem Taumeltanz ihres Elends frönen, in dem gleichen Maße wächst in höchst geheimnisvoller Weise die Hoheitszone Gottes auf Erden – schon jetzt. Immer entscheidender und durchschlagender brechen die Manifestationen des Gotteswillens mitten im Abfall hervor, und die Königsherrschaft Gottes regiert vollmächtig über alles Rebellentum und alle Usurpatoren hinweg auf die Vollendung seiner letzten und großen Weltpläne hin.

Wir wissen zur Genüge, daß wir dieses geheimnisvolle Anwachsen der Gottesherrschaft (es ist wirklich ein Mysterium!) nicht im Sinne des Entwicklungsgedankens verstehen dürfen. Wir dürfen nicht meinen, es bestände in einer allmählichen Christianisierung des Lebens, in einer »Verchristlichung« der Welt, die das Böse in zunehmendem Maße auszuschalten vermöchte. Diese Schwärmereien, die ruhigeren Zeiten naheliegen mochten (weil sich da die Menschennatur besser tarnen konnte), sind uns in den Schrecken des vom Menschen geschaffenen Jammertals gründlich vergangen. Das neunzehnte Jahrhundert, das gelegentlich solche Träume und

Träumer hervorbrachte, kommt uns heute vor wie das Zeitalter von ahnungslosen Kindern. Nein, das Kommen des Gottesreiches geschieht ganz anders. Mit, in und unter den Weltängsten und Nöten, mit, in und unter dem Bombenhagel und Massenmorden baut Gott sein Reich.

Wir können uns dieses Geheimnis auch so klarmachen (wie man eben Geheimnisse verdeutlichen kann: nicht indem man sie erklärt, sondern indem man sie auslegt und ihren entscheidenden Linien nachfährt):

Das Reich Gottes ist dort, wo Jesus Christus ist. Jesus Christus aber weilt immer in den dunkelsten Bezirken der Welt. – Das hat Johannes der Täufer erfahren müssen, als er im Gefängnis an seinen bisherigen Reich-Gottes-Illusionen zu zerbrechen drohte. Er hatte wohl das Gericht mit biblischem Realismus gesehen und vollmächtig verkündet. Das Reich Gottes aber, das ihm folgen sollte, hatte er wohl ebenso wie viele andere seiner Zeitgenossen als einen Zustand irdisch-messianischer Weltordnung und darin auch als einen Zustand des Wohlseins und Wohlstandes verstanden. Darum kroch ihm jetzt die bitterste Enttäuschung ins Herz; denn dieser Nazarener, auf den er alles gesetzt hatte, schien nur ein großer Prediger zu sein und jemand, der praktische Nächstenliebe übte. Keine kosmische Revolution folgte in leuchtend schrecklicher Spur seiner Gestalt. Er zog auf der gleichen Ebene wie alle andern seine Bahn. Und die dunklen Mächte durften weiter in ihren Schlupfwinkeln lauern – oder auch in Geschwüren und Schmerzen, in Tod und Leid, in Kriegen und Katastrophen offen hervorbrechen und als blutige Geißeln einer unerlösten Welt auf die herniederpfeifen, die vergeblich der Finsternis und den Schatten des Todes zu entfliehen trachteten. Darum schickt er die verzweifelte Botschaft: »Bist *du,* der da kommen soll, oder sollen wir eines andern warten?« Und er erhält die Antwort Jesu: »Blinde sehen und Lahme gehen, Aussätzige werden rein und Taube hören, Tote stehen auf und Armen wird das Evangelium gepredigt.«

Aus dieser Botschaft geht hervor: Die Herrschaft Gottes erscheint gerade dort, wo Blindheit, Lähmung, Aussatz und Tod sind; sie weicht diesen allen nicht aus, weil sie sich zu gut wäre für die Jammertäler und Elendsbezirke und weil sie nur die entrückte Zone einer goldenen Stadt, einer Stadt über den Wolken, für würdig und »standesgemäß« im Sinne Gottes befände. Sie will im Gegenteil das Licht sein, das sich gerade in die Finsternis des Erdreiches und in das Dunkel über den Völkern hinein- und hinabgezogen fühlt.

Deshalb sagt Jesus auf die Frage nach dem Reich Gottes das rätselhafte Wort (und deutet dabei in geheimnisvoller Geste auf sich selbst): »Das Reich Gottes ist mitten unter euch (Luk. 17, 21), es ist nämlich genau da und auch genau so da, wie *ich* hier mitten unter euch stehe.« Die Menschen, die da um Jesus herumstanden, mochten sich in der Illusion wähnen, die Herrschaft Gottes bestünde in einem irdischen Reich der Utopia und in einem wunschlosen Behagen. Sollte es aber darin bestehen, so konnte es in der Tat nicht da sein. Denn wenn sie ihre Augen nur ein wenig umherschweifen ließen (während sie da um Jesus herumstanden) und die Mitumherstehenden musterten, sahen sie herzlich wenig von diesem utopischen Behagen. Wohl aber sahen sie den ganzen Heerbann menschlichen Jammers hier versammelt: Verzweiflung sprach aus vielen Augen, verkrümmt und entstellt waren nicht wenige Körper, und immer wieder stießen sie auf den irrlichternden Blick der Schuldbeladenen, ganz zu schweigen von der Fühllosigkeit und der Abkehr vom Nächsten, den man immer wieder über der eigenen Not vergaß.

Und nun sagt Jesus: »Gerade hier und mitten in diesem Elend hat die Herrschaft Gottes eingesetzt. Denn ich bin ja da.« Gott hat sich tief herabgeneigt zu den Schuldbeladenen und Elenden. Sein ganzes Herz verschwendet er an sie. Und siehe, er hat auch die Macht, die alles wenden kann. Das Reich Gottes ist in der Tiefe, Christus ist ja auch hier. Man kann Gott nicht tief genug ins Fleisch ziehen (Luther); und man kann das Reich Gottes nicht

tief genug ins Elend ziehen. So ist es mit andern Maßen zu messen, als wir Menschen es von Haus aus tun.
Wenn wir die Zeit vor 1914 mit der heutigen vergleichen, könnten wir auf den ersten Blick wohl meinen: Damals waren wir dem Reiche Gottes näher. Es herrschte (zwar von erheblichen Ausnahmen, aber eben doch von Ausnahmen abgesehen) ein gewisser Wohlstand, auch ein relatives Behagen in der Völkerwelt, eine gewisse Saturiertheit der Kolonialvölker und Ruhe. Man konnte, wenn man wollte, in dieser Welt wirklich ein friedliches Leben »in aller Gottseligkeit und Ehrbarkeit« führen – – so wird es uns Jungen wenigstens von der älteren Generation erzählt. Und auch wenn wir an dieser Erzählung einen gewissen Prozentsatz auf das Konto »vergoldende Erinnerung« abbuchen, so kommt uns der Rest heute immer noch vor wie ein Traum. Von wenigen Sturmvögeln abgesehen, haben die Menschen der damaligen Zeit wohl selber etwas von der »Vollendung« zu spüren gemeint, die immer näher zu kommen schien. Denn damals war ja die Hoch-Zeit des Entwicklungsglaubens, und das Wort »Fortschritt« stand hoch im Kurs. Und heute? Wer nimmt dieses Wort noch in den Mund, ohne einen schalen Geschmack zu bekommen? Wer könnte heute noch meinen, wir entwickelten uns auf einen Reich-Gottes-Zustand in der Völkerwelt, in der Gesittung, im Einzelleben zu? Der Boden ist allzu tief vom Pflug und vom Fluch des Krieges aufgewühlt, die Blut- und Tränenströme sind allzu sehr angeschwollen, das Unrecht und die Bestialität sind allzu grausam und offensichtlich geworden, als daß man jene Träume für etwas anderes als für Schäume halten könnte. Sind wir nicht – gegenüber jener scheinbar so strahlenden Entwicklung von einst – auf die unterste Stufe und in die weiteste Ferne zurückgeschleudert? Wo ist in dieser Welt, die entgegen dem Plan Gottes von den Menschen immer mehr zum Jammertal gemacht wird, noch ein Hauch des Reiches Gottes zu sehen?
Und doch verrate ich einem Christenmenschen kein Geheimnis, wenn ich bekenne, daß wir im Donner der Bombennächte und in

den Schreckenskammern unserer Keller und unterirdischen Stollen mehr vom Reich Gottes gelernt und wohl auch erfahren haben, als es jene ruhigen und fast utopischen Zeiten des Behagens nahelegen mochten.
Ich darf nur an einige dieser Erfahrungen erinnern:
Wir wissen und haben es wahrlich gelernt, daß auch die größten Schöpfungen der menschlichen Kultur wie das Gras sind, das bald verdorrt. Die Massengräber, welche in diesen Tagen die Friedhöfe unserer Stadt füllen, zeigen die Hinfälligkeit des Menschen, der gewaltiger, aber auch selbstmörderischer ist als alle Geschöpfe. Und auch die kirchlichen Formen und Stätten versinken. Wir sind hier in einer Ruine versammelt, und ich stehe in Marschstiefeln vor euch, weil ich das feierliche Kleid der Gottesdienste nicht mehr besitze. Aber das alles sagen wir ja nicht aus Skepsis und aus negativer Resignation. Sondern alle diese Erfahrungen haben in der Botschaft und in der Predigt nur deshalb Raum, weil sie uns vom Vergehenden und Relativen auf jene Wirklichkeit blicken lassen sollen, die von den Pforten der Hölle nicht überwältigt wird und die von Motten und Rost nicht gefressen wird. Und wenn nicht alles trügt, bekommt unsere Generation des Todes von Gott einen scharfen Blick anerzogen für das, was auf die Schuld- und Vergänglichkeitsseite des Lebens gehört, und für das, was mit der Ewigkeit Gottes zu tun hat; wir bekommen ein ganz neues Augenmaß geschenkt für das, was relativ, was liturgische Zutat und was schmückendes Beiwerk ist, *und* für das andere, das in alledem als der Fels Gottes verborgen ist, der den einen das Fundament des Lebens und den andern ein Stein des Ärgernisses ist, der auf alle Fälle aber in beiden Eigenschaften bleiben wird, bis das Reich Gottes gekommen ist und die Reiche der Welt vergangen sein werden.
Wir sind in diesen Tagen und Wochen in unserer Stadt durch die dunkelsten Täler hindurchgeführt worden, und es hat nicht den Anschein, als ob die Wanderung schon zu Ende wäre. Aber gerade inmitten dieser dunkelsten Täler haben wir nun auch den

Stecken und den Stab und den guten Hirten selbst kennengelernt. Wer an der Hand Gottes die Bombennächte durchgestanden hat, wer es sich unter dem ärgsten Pfeifen, Rauschen und Schüttern zugerufen hat: »Leben wir, so leben wir dem Herrn; sterben wir, so sterben wir dem Herrn«, der hat diese Hand in einer Realität erfahren wie vielleicht sonst nie in seinem Leben und so, daß er es nicht vergessen kann.

Im Frieden hat das Abendgebet ja auch seinen tiefen Sinn (wie sollten wir überhaupt zu irgendeiner Zeit ohne den Kontakt mit Gott und ohne Erfüllung seiner Gebote leben können?). Und doch wissen wir alle, wie oft unser abendliches Anbefehlen in den Schutz Gottes einen etwas platonischen und unwirklichen Charakter hatte: Für die Sicherheit sorgte doch die Polizei; die Wach- und Schließgesellschaft hielt ihren beruhigenden Umgang; an unserer Wohnung hing ein erstklassiges Kunstschloß; für eine plötzliche Blinddarmentzündung standen Krankenwagen und moderne Kliniken bereit. Ein Telephonanruf würde genügen, und ein großer Apparat setzte sich zu unserem Schutz in Bewegung. Wie leicht kamen wir da in Versuchung, das Gebet zu einer Zusatzversicherung zu machen, das keine Gültigkeit bis ins Letzte für uns besaß. Jetzt aber sind die Telephone zerrissen, die Krankenhäuser zerstört, die Wach- und Schließgesellschaft vermutlich selber ausgebombt und die Türen zersplittert. Jetzt sind wir in einer Unmittelbarkeit und in einer Ausschließlichkeit ohnegleichen in die rechte Hand Gottes befohlen, wo die Linke, mit der er nach dem Gleichnis Luthers durch die Ordnungen hindurch die Welt regiert, sich so jählings zurückgezogen hat. Jetzt müssen wir nach dieser Rechten Gottes greifen, müssen sie das Kissen sein lassen, auf dem wir ruhen, den Wächter an unserm Lager, den Führer auf unserm ungewissen und dunklen Pfad und den Stab in den dunklen Tälern. Diese Rechte Gottes ist in der alten Sprache der Kirche immer in besonderer Weise das Gleichnis seiner Herrschaft gewesen; und haben wir diese Herrschaft nicht alle bis zum Greifen gespürt – – gerade in jenen Augenblicken, wo Gott

uns in die Gewalt der Menschen und Mächte zu überantworten schien? Haben wir nicht alle ein wenig oder auch sehr viel gemerkt von dem Kreis der Bewahrung, den Gott um uns schlug und den die Mächte nicht überschreiten durften, auch nicht bei jenen Gotteskindern, die nun mit Heiden und Weltkindern und Spöttern zugrunde gegangen sind und die in jenem Kreis der Bewahrung und im tödlichen Verschmachten sich noch bei ihrem Namen gerufen wissen durften? Meinen nicht viele Kinder Gottes, daß nun die Wehen und Schrecken so weit vorgeschritten seien, daß das Reich Gottes ganz dicht vor dem Kommen stehe, und ist das Erwachen dieser gesteigerten Enderwartung nicht selbst wieder ein Zeugnis dafür, wie die Herrschaft Gottes in den Schrecken mächtig zu werden beginnt und die Häupter emporreißt, »darum daß sich unsere Erlösung naht« –? *Die größten Geheimnisse Gottes spielen sich immer in der Tiefe ab;* darum ist auch dem Ruf aus der Tiefe die größte Verheißung gegeben.
Darf ich von mir selbst bekennen, wie ich an den Katastrophentagen diese Herrschaft Gottes in all ihrer Verborgenheit, auch in ihrer beklemmenden und beinah der Verzweiflung ausliefernden Verborgenheit am eigenen Leibe zu spüren bekam? Wie kann man in dieser Stunde anders reden als durch persönliches Bekennen?
Ich kannte Augenblicke genug – wie alle andern wohl auch –, in denen Verzagtheit ins Herz schlich und wo ich meinte, ich sei ein geschlagener Mann: Mein Werk in Stuttgart schien äußerlich zusammengebrochen, die Vortragsgemeinde in alle Winde zerstreut, die Gotteshäuser in Schutt und Asche versunken. Während ich in diese dunklen Gedanken versunken war, stand ich vor dem Betonloch eines Kellers, den eine Bombe durchschlagen hatte und unterhalb dessen über ein halbes hundert junger Menschen erschlagen war. Da trat eine Frau auf mich zu und fragte, ob ich der und der sei, weil sie mich in meinem Aufzug nicht recht erkannte. Dann sagte sie: »Da unten ist auch mein Mann umgekommen. Er hatte seinen Platz gerade unter dem Loch. Das Aufräumungskommando hat keine Spur mehr von ihm gefunden;

hier ist nur noch seine Mütze. Die letzten Male ist er mit mir in die Stiftskirche zu Ihren Vorträgen gegangen. Und angesichts dieses Loches möchte ich Ihnen jetzt danken, daß Sie ihn auf die Ewigkeit vorbereitet haben.«
So hatte Gott auf einmal mitten im Augenblick der Katastrophe und mitten im Zusammenbruch der persönlichen Welten zweier Menschen ein Tor zu seinem Reich aufgestoßen. Zwischen dieser Frau und mir war es da. Ich konnte es freilich nicht offen bezeugen, weil die Worte sich nicht einstellten. Es gibt Augenblicke, wo wir zu unmündigen Kindern werden. Und gerade im Fehlen unserer Worte vermag Gott sich ein Lob zuzurichten.
So kann Gott trösten; so kann er sein Reich kommen lassen.
Gottes Reich kommt also wahrlich in aller Verborgenheit. Oder gibt es einen verborgeneren Rahmen als ein Bombenloch, das das Grab so vieler Hoffnungen ist und auch das Grab so vieler Verheißungen zu sein scheint? Gott baut sein Reich im Verborgenen. Es ist wie beim Bau einer Brücke, die unter vielen Gerüsten und Verschalungen gebaut wird, so daß man sie selber nicht sieht; man hört nur das tausendfältige Hämmern. Aber einmal kommt das Gerüst und kommen die Verschalungen weg, und der Bau steht vor dem verwunderten und beschämten Auge. Gott ist nicht untätig gewesen, während wir vergeblich nach den Spuren seiner Schritte und Werke Ausschau hielten.
Einmal aber wird die Verborgenheit aufgehoben, und die Wunder der Gottestaten, die Wunder seiner Herrschaft liegen vor aller Augen ausgebreitet. Jetzt ist Gottes Herrschaft verborgen unter dem Kreuze; und nur wer das Kreuz bejaht, darf um sie wissen. (Was hätte man ohne das Kreuz mit dem Bombenloch anfangen sollen?) Aber einmal wird sie offenbar werden, und aller Knie müssen sich beugen – sei es, daß die Menschen anbetend in die Knie sinken werden, oder sei es, daß sie von der Übermacht des Herrn, dessen Glorie sich nun nicht mehr übersehen läßt, in die Knie gedrückt werden. Es kommt der Augenblick, da Gott »alles in allem« sein wird. Und dieser Augenblick steht am End-

punkt jener verborgenen und scheinbar verwirrten Kreuzespfade, auf denen er »nichts und abermals nichts« zu sein scheint. Das ist der Trost im Wirrsal unserer Wanderschaft: daß sie in dieser Glorie endet.

Joseph Wittig sagt einmal: man dürfe die Biographie eines Menschen nicht bei der Geburt, sondern man müsse sie beim Tode beginnen. Denn nur vom Ende, vom Ziel her enthülle sich die Lebensstraße eines Menschen. Genau so ließe sich sagen, daß sich das Geheimnis der Geschichte nur von ihrem Ende her enthüllt. Tatsächlich sieht die Schrift ja die Weltgeschichte unter diesem Gesichtspunkt; und selbst wenn die ersten Blätter der Bibel mit dem Urbeginn der Schöpfung einsetzen, ist in ihnen schon das Ende und das Ziel beschlossen. Denn selbst diese Blätter wollen uns nicht das Woher, sondern das Wozu des Menschen erschließen; sie wollen den Plan umreißen, den Gott mit uns allen und mit der Welt hat. Darum ist das eigentliche Buch vom Geheimnis der Geschichte die Offenbarung Johannes. Dort wird der Weltlauf von seinem Ende her enthüllt; dort endet er unter den Lobgesängen der Engel und der verklärten Gemeinde, dort ist das Reich in seiner Fülle und Unübersehbarkeit gekommen.

Im Namen dieses Endes leben wir schon jetzt; die Lichter des Hafens leuchten in der Ferne, und wir dürfen nicht meinen, daß Gottes Schifflein bis dahin unterginge. Und während die Engel loben, weil das Reich Gottes in Kraft ist, kommt es mit Macht auf uns zu, die wir unter diesem Lobe der Engel wohnen. »Erhebet eure Häupter darum, daß sich eure Erlösung naht« (Luk. 21, 28).

DEIN WILLE GESCHEHE, WIE IM HIMMEL, SO AUF ERDEN

ES WERDEN NICHT ALLE, DIE ZU MIR SAGEN: HERR, HERR! IN DAS Himmelreich kommen, sondern die den Willen tun meines Vaters im Himmel. MATTHÄUS 7, 21

Jede Bitte des Vaterunsers hat uns bisher gelehrt, daß sie aus der Tiefe gerufen ist. Ich brauche nur einige Gedanken in Erinnerung zu rufen, damit uns das klar vor Augen steht:
Wenn wir auf uns blicken mit all den bedrängenden Nöten und Lasten, die uns zu zerbrechen drohen, scheinen wir Waisen zu

sein, die einem gnadenlosen und wahrhaftig »unväterlichen« Schicksal ausgeliefert sind[1]. Erst wenn wir uns diese Umzingelung durch die Schicksalsmächte klarmachen – wir wissen heute alle ein wenig oder auch sehr viel von ihrer Ausweglosigkeit –, dann spüren wir die ganze befreiende Macht dessen, daß wir sagen dürfen: »Unser *Vater*«.

Und weiter: Erst wenn wir bedenken, daß wir in einer Welt leben, in der getötet und gestorben wird (und *wie* getötet und *wie* gestorben!), in einer Welt, wo wir in die schrecklichen Hände der Menschen fallen können und wo die Herrlichkeit und Größe, die Gott mit seiner Schöpfung vorhatte, nur noch in dunklen Andeutungen existiert – – erst wenn wir das alles bedenken, läßt sich die ganze Inbrunst der Bitte ermessen: »Dein Reich komme«, jene Inbrunst des Wartens und des Heimwehs, mit der wir einem neuen Himmel und einer neuen Erde entgegenharren, wo Gott alles in allem sein wird.

So sei es auch mit der Bitte: *Dein Wille geschehe.*

Auch diese Bitte wird gebetet vor dem dunklen Hintergrund einer Welt, in der eben dieser Wille notorisch nicht geschieht. Oder sollte es Gottes Wille sein, daß die Völker sich gegenseitig vertilgen, daß Gotteshäuser und Wohnstätten in den Staub sinken? Sollte es wirklich Gottes Wille sein, was wir in unserer Stadt erlebt haben und wohl noch weiter erleben werden – nicht nur das, was man jetzt als Ruinen zu sehen bekommt, sondern vor allem auch das, was man nicht sieht: die traurigen Nächte der Heimatlosen und Einsamgewordenen und die Todeskämpfe und Paniken in Stollen und Kellern tief unter der Erde, jene Szenen des Entsetzens, von denen nie ein Mensch Kunde erhalten wird – – sollte das alles Gottes Wille sein? Oder ist das alles nicht vielmehr der Wille der *Menschen,* die es getan oder als Reaktion ausgelöst haben? Ist es also nicht gerade jener Wille, der zu den Ratschlüssen

1 Die Rede wurde durch Alarm und Fliegerangriff unterbrochen. Kurz darauf wurde bei einem neuen Angriff auch der stehengebliebene Rest der Hospitalkirche völlig zerstört, so daß dies die letzte dort gehaltene Rede war.

Gottes in Opposition steht – und den Gott nun einmal an sich selbst dahingegeben hat, damit er sich austoben und an seiner eigenen Schreckensbahn die tödliche Richtung seines Verlorenseins erkennen könne? (Vgl. die vorige Rede.)
Aber wir brauchen gar nicht erst nach *außen* zu blicken: Ist alles das, was in unsern eigenen Herzen rumort – die hadernden Gedanken, die sich nicht schicken wollen, der Sorgengeist und die Lebensangst, der Egoismus in unserem Verhalten zum Nächsten –, ist das alles, was da ständig in uns geschieht in Gedanken, Worten und Werken oder auch in Träumen, wirklich der Wille Gottes? Ist das nicht wiederum unser eigener Wille, der so entsetzlich schwer zu brechen ist und der nicht müde wird, mit herrischem Griff die Türklinke nach oben zu drücken, wenn Gott an die Tore unseres Herzens pocht?
Ist es nicht unser eigener Wille, an dem wir im Grunde so unglücklich sind und von dem wir erlöst sein möchten, wenn wir rufen: »*Dein* Wille geschehe«?
Wirklich, es stimmt: auch diese Bitte ist ein Ruf aus der Tiefe. Darum gelten ihr auch alle Verheißungen dessen, der sich so tief zu uns herabgeneigt hat. Auch diese Bitte stürzt uns in die Buße und in jene schwere, aber »göttliche Traurigkeit«, die nach dem Wort des Apostels direkt zur Seligkeit führt, aber als ein bitterer und dunkler Flur vorher durchschritten sein will. Denn wir brauchten ja gar nicht darum zu bitten, daß Gottes Wille geschehen möge, wenn er wirklich unter uns geschähe und wenn wir selbst und die ganze Welt nicht in einem ständigen Boykott dieses Willens dahinlebten.
Jesus gibt es im Vaterunser sehr deutlich zu verstehen, daß Gottes Wille unter uns nicht geschieht. Er deutet das durch die besondere Form an, in der wir um diesen Willen bitten sollen: er möge unter uns so geschehen, wie er im »Himmel« geschieht.
Damit meint er doch offenbar dies: Es möchten schon hier auf Erden Verhältnisse geschaffen werden, in denen der Wille Gottes ebenso selbstverständlich klar und eindeutig geschieht, wie das bei

den Engeln im Himmel der Fall ist, die allezeit das Angesicht seines Vaters sehen (Matth. 18, 10), die in der himmlischen Liturgie, in der unaufhörlichen Anbetung Gottes, aufgehen. Und während Jesus dies sagt, steht er selber vor uns als eine Gestalt, in der diese himmlische Vollendung wie in einem Spiegel widerstrahlt. Denn er allein hat ja von sich selbst das unermeßliche Wort sagen können: »Meine Speise ist die, daß ich tue den Willen des, der mich gesandt hat« (Joh. 4, 34).

Daß wir das ja recht verstehen: Meine *Speise* ist das, den Willen des Vaters zu tun! Es ist nicht ein »Zusatz« und ein »Nachtisch«, an den ich denke, wenn erst einmal die primitiven physischen Bedürfnisse meiner Sättigung und meiner Lebenssicherung erfüllt sind, und durch den ich mein Lebensmahl noch religiös abrunden möchte. Nein, es ist meine Speise, es ist die Hauptmahlzeit meines Lebens, daß ich den Willen Gottes tue. Das soll heißen: Genauso wie ich von meinem täglichen Brot lebe, wie mein Herz und meine Augen und mein ganzer Leib immer ganz von selbst im Drange des Hungers sich auf die Speise richten, so lebe ich vom Willen des Vaters, so bin ich mit allen Fasern meines Herzens auf ihn gerichtet und an ihn angeschlossen.

Nicht wahr, man kann sich dieses erschütternde Selbstbekenntnis Jesu auch nicht mit dem geringsten pharisäischen Anflug gesprochen denken, etwa in dem Sinne, daß diese totale Einigung mit dem Willen des Vaters sein »Verdienst« sei. Er sagt das nicht mit dem Unterton: Seht, wie heilig und edel ich bin, daß ich mich bis dahin durchgeschafft und emporgeläutert habe! Seht, so hoch habe ich mich über meine und euer aller Natur erhoben!

Er will ja ganz im Gegenteil sagen: Das ist meine *Natur*, daß ich das tue. Genauso, wie es ein natürlicher Trieb ist, wenn mich hungert und ich auf Stillung des Hungers aus bin, so ist mein ganzes Leben von einem einzigen Impuls beseelt, nämlich in ununterbrochenem Kontakt und im völligen Gleichklang mit dem Vater zu leben. Und genauso, wie das Stillen des Hungers einen Zustand der Befriedigung, vielleicht sogar der Beseligung schafft, genauso kehre ich in den großen Frieden ein, wenn ich in diesem Gleichklang mit dem Vater lebe. Das ist kein Verdienst, will Jesus sagen, genausowenig wie die Stillung des Hungertriebes eine Leistung und ein Verdienst ist. Das ist ein elementarer Trieb der Natur – allerdings ein Trieb jener ungebrochenen Natur, wie sie aus den Händen des Vaters hervorging. (Was ist aus eurer Natur geworden, ihr meine Menschenbrüder?) Ich müßte ja sonst verhungern, gäbe ich meiner Natur nicht nach!

Liebe Zuhörer, sind wir nicht alle solche Verhungernde? Sind wir nicht überhaupt sehr merkwürdige Wesen? Wir sperren uns in unserer (eben krankhaft veränderten) Natur gegen den Willen Gottes und alles, was er über unser Leben verhängt, als ob unser ganzes Glück davon abhinge, daß wir *unsern* Willen kriegen. Es ist eine sehr tiefe Krankheit und Perversion, die hier sichtbar wird: Wir Menschen kommen nicht nur aus Schwäche immer wieder dahin, den Willen Gottes nicht zu tun, weil wir es sozusagen an der nötigen Energie des Gehorsams fehlen lassen, weil wir zu schlapp sind und zu früh abhängen. (So hat Kant die menschliche Natur gedeutet: daß sie zwar um die Norm des Guten, um den kategorischen Imperativ wisse, aber in ihrer sittlichen Anstrengung immer hinter jener Norm zurückbleibe.) Nein, die Krankheit sitzt tiefer: Wir leiden unter einer solchen Verirrung und Verzerrung unserer Wertmaßstäbe, daß wir es nicht anders *wollen*. Das ist unschwer einzusehen: Unser Wille gestaltet und verfolgt zum Beispiel bestimmte Lebenspläne. Je mehr er das tut, um so zielbewußter ist er, – und das ist ja eine durchaus positive Eigenschaft. Wir wollen zum Beispiel unter allen Umständen eine gewisse Wohnkultur, wir wollen beruflichen Erfolg, wir wollen unsere Familie glücklich sehen, – und wenn dann alles anders kommt, ballen wir die Faust und verfluchen den Willen Gottes, der uns unsere Konzepte verdirbt, oder wir geraten in Anfechtung und Zweifel, und die Liebe droht zu erkalten.

Und über dem Hadern werden wir immer hungriger und leerer. Denn kein Mensch, auch wenn er es hundertmal hoffen mochte, ist noch je durch das Sich-Verbohren in den eigenen Willen glücklich geworden.

So müssen wir auch die Gethsemanestunde verstehen, in der Jesus diese unsere Willenskrankheit auf sich nimmt und in der tiefsten Anfechtung seines Willens unser Bruder wird. Wer diese Geschichte auf ihre innersten Herztöne abzuhorchen versucht, muß ja feststellen: Als Jesus hier unter blutigem Schweiß mit seinem Schicksal ringt, das über Galgen und äußeren Bankrott führen soll, da kämpft er im Grunde mit Gott nicht darum, daß er *doch* noch »seinen eigenen« Lebensplan akzeptieren möchte (sofern man überhaupt die Kategorie des »Eigenen« auf den Heiland anwenden darf!). Er kämpft nicht darum, daß er *ohne* Leiden, *ohne* das Sterben am Kreuz seine messianische Bestimmung erfüllen möge. Sondern er ringt darum, daß dieser eigene Wille eben *nicht* zwischen ihn und den Vater trete; er ringt darum, daß er den Kontakt mit dem Vater nicht verlieren möge. Und wenn dann schließlich dieser Seelenkampf mit dem Worte endet: »Nicht mein, sondern dein Wille geschehe«, dann ist das wiederum nicht etwas, das er mit zusammengebissenen Zähnen sagt – so wie jemand das sprechen mag, der nach übermenschlichen Anstrengungen nun doch wider Willen kapitulieren muß und der das in der Stimmung tut: Es geht eben nicht anders, ich muß mich fügen; der Wille des Schicksals hat sich als stärker erwiesen als mein eigener. Sondern der nächtliche Kämpfer von Gethsemane sagt das in einem seligen Gefühl der Befreiung: Gott sei Dank, daß ich mich deinem Willen überantworten darf. Gott sei Dank, daß ich nun alles Eigenwillige, alle eigenen Träume und Hoffnungen – »Wie hatte ich mir dies und das so schön gedacht!« – über Bord werfen darf, daß ich darauf verzichten darf und daß mir alles nun auch in einem letzten Sinne nicht mehr wehetut und gar kein ernsthaftes Opfer mehr ist, sondern daß ich mich dir getrost in die Hand legen darf. Es ist deshalb nicht umsonst, daß am Schluß der Gethsemanegeschichte von dem Engel die Rede ist, der ihn stärkte. Es ist die Stunde des Engels und der Teilnahme an der verklärten Welt, es ist die Stunde einer sehr geheimnisvollen und verborgenen Seligkeit.

Nietzsche sagt einmal – und rührt damit in seiner Weise das gleiche Problem an –: »Du hältst es nicht mehr aus, dein herrisches Schicksal? *Liebe* es, es bleibt dir keine andere Wahl.« Gerade im Vergleich mit diesem heidnischen amor fati, mit dieser »Schicksalsliebe« Nietzsches, sehen wir, welcher unsagbare Trost es ist, daß ein Christenmensch nun beten darf: »Dein Wille geschehe«.

Auch Nietzsche hat gesehen, daß der Mensch sich innerlich zerreibt und kaputt macht, wenn er ständig gegen sein Schicksal opponiert. Wir wissen das ja auch unsererseits sehr genau und brauchen zur Illustration nur an manche in Klagen und Hadern sich verzehrende Bombenflüchtlinge zu denken; oder auch daran, wie manche Witwe, wie manche Mutter sich und andern einfach dadurch zur Qual wird (außer dem, was an sich schon schwer genug zu ertragen ist), daß sie sich nicht zu fügen vermag und daß sie ständig in einem verzehrenden und nervenzerrüttenden Kampf mit dem lebt, was nun doch einmal unabänderlich in ihr Leben getreten ist. Demgegenüber sagt nun Nietzsche – und er spricht hier im Namen aller unerlösten, aber das Leben scharfäugig beobachtenden Menschen –: Gib die Opposition auf; es bleibt dir keine andere Wahl. Du ruinierst dich nur selbst dabei! Versuche zu lieben und zu bejahen, was du hassen möchtest; versuche diesen Feind namens »Schicksal« zu lieben, da du ihn nicht umzubringen vermagst. Dann kommst du wenigstens wieder ins Gleichgewicht, und dann hört die innere Zerrissenheit auf!

Als ob ich das könnte – als ob dabei etwas anderes herauskäme als Krampf und Komplexe und als ein unnatürlicher seelischer Verdrängungsprozeß, bei dem ich alle Schicksalsangst und alles Nichtfertigwerden mit den vielen Wunden meines Lebens beiseitezuschieben und mit der Maske des Lächelns darüber hinwegzusehen versuche. Das ist genau so, wie wenn ich einen Nichtschwimmer mit dem Tode ringen sehe und um Hilfe schreien höre, und ich rufe ihm zu: »Was, du hast Angst vor dem nassen

Tod? Laß dein vergebliches Strampeln; liebe die Nässe und bejahe das Wasser.« Ich glaube, so hat noch nie eine Lebensrettung und ein Todesbeistand stattgefunden, weil es verrückt wäre. Aber in den letzten Fragen unseres Lebens sind wir Menschen nun einmal verrückt, aus der Ordnung gerückt.

Ich frage nochmals: Wie kann ich das Schicksal lieben? Lieben kann ich doch nur, wo ich ein Herz spüre. Darum leiden die Menschen ja so entsetzlich am Leben und an den Bomben, weil sie mit ihren menschlichen Wahrnehmungsorganen kein Herz dahinter spüren.

An dieser Stelle wird es uns klar, wie Jesus hier ganz unser Seelsorger wird – im Gegensatz zu jenem irrlichternden Trost der Welt, die mir keinen Frieden geben kann; denn Jesus zeigt mir, wie ich meinen Vater bitten darf, daß sein Wille geschieht – auch über mein eigenes Bitten und Verstehen hinweg –, und wie ich also betend mein Schicksal in seine Hände legen kann. Jesus verlangt nicht etwas so Törichtes von mir wie dies, daß ich mein Schicksal liebe. Er hat zu keinem der Blinden, Elenden und Lahmen gesagt: Du sollst deine Krankheit, deinen Aussatz und die Nacht deiner Augen lieben, dann wird dein Stöhnen aufhören. Er hat auch nicht zur Mutter des Jünglings von Nain gesagt: Liebe dieses entsetzliche Loch, das der Tod da in dein Leben gerissen hat, dann werden deine Nerven sich wieder beruhigen und deine Augen trocken werden. Sondern er legt den Elenden und Gepeinigten die Hand auf als ein Zeichen, wie der Vater gegen sie gesinnt ist und daß ihm ihre Schmerzen nahegehen und er mit seiner Hilfe nahe ist. Genau das gleiche gibt er uns nun in der Bitte zu verstehen: Dein Wille geschehe, wie im Himmel, so auf Erden. Denn sie bedeutet: Alles, was euch widerfährt an Liebem und Leiden, muß am Herzen eures Vaters vorüber. Dieses Herz hat auch im größten Kriegsgetümmel Gedanken des Friedens mit euch. Und wenn er gar zu schrecklich und unverständlich, zu grausam und unbegreiflich mit euch zu verfahren scheint, so soll euer geängsteter Blick sich erholen und zur Ruhe kommen, indem ihr auf *mich* seht: in meinem Erbarmen, in meinem Heilen und Helfen und Bei-euch-Sein spricht sich dieses Herz am unverkennbarsten aus. In diesem Licht, in diesem *Christus*licht wollen auch die dunklen Bezirke eures Lebens gesehen sein. Und nur darum, weil ihr ihn hier seht, ja, weil ihr ihn hier so sehen dürft, wie er ist, darum könnt ihr ihn nun lieben – könnt ihr ihn *wider*lieben. Darum dürft ihr auch nachträglich und vielleicht in langen Jahren des inneren Wachsens das lieben und bejahen lernen, was euch nun so bitter getroffen hat. Denn die Hände des Vaters verwandeln und heiligen auch die Schicksale, die ihnen entquellen. Wer mit dem Vater versöhnt ist, ist auch mit seinem Schicksal versöhnt. Für wen der Wille Gottes seine Schrecken verloren hat (und das hat er ja für jeden, der den Vater Jesu Christi kennt), dem ist auch die Nacht des dunkelsten Lebenstales erleuchtet und gespensterlos geworden.

Jetzt sind wir wohl so weit, daß wir den Ton der Freude und der sieghaften Überwindung spüren in dem Satz: Dein Wille geschehe, wie im Himmel, so auf Erden. Dieser Satz ist nicht aus der Resignation und aus dem Verzicht geboren. Er kann nicht von jemandem gesprochen werden, der kapituliert vor dem herrischen Gottesspruch über seinem Leben, gegen den kein Kraut gewachsen ist. Sondern etwas Strahlendes haftet ihm an: Dieses Gebetswort »Dein Wille geschehe« ist ja zu niemand anders als zum Vater gesprochen. Und ich darf es wissen: Wenn ich dessen Willen geschehen lasse, und wenn ich mich ganz in diesem Willen verberge und verkrieche, so kann das nur den Frieden und die Erfüllung meines Lebens bedeuten. Denn es ist ja der Wille dessen, der hier in Jesus Christus vor mir steht und der mir verheißen hat, daß denen, die Gott lieben, alle Dinge zum Besten dienen müssen und daß alles zu einem guten Ende kommen muß, wo sein Wille regiert.

Wo das geschieht, oder besser: wo wir das geschehen *lassen*, haben wir schon jetzt Anschluß an den Himmel und an die Heer-

scharen jener, die in himmlischen Liturgien Gott loben und lieben und deren Speise es ist, den Willen Gottes zu tun.
Nicht als ob diese blutgetränkte und schmerzensreiche Erde damit selber zum Himmel würde. Sie wird trotz aller Herrlichkeit der Schöpfung immer dunkle Täler, enge Straßen und Leid und Geschrei genug haben. Das braucht man uns Leuten, die gegenwärtig in den schrecklichsten Engpässen wandern müssen, wahrhaftig nicht mühsam klarzumachen. (Wir werden diese Stunden der Tiefe auch dann nicht vergessen, wenn wir noch einmal auf lichtere Höhen geführt werden sollten.) Aber über diesem Dunkel ist der Himmel geöffnet, und die Schar derer, die alle Opposition überwunden haben und nun in der ungeteilten Liebe vollendet sind, schaut auf uns herab, die wir noch wandern und hadern.
Und indem wir die Lobgesänge derer hören, die mit dem Willen des Vaters eins geworden sind, beginnen auch wir getröstet zu werden. Dieses Lob der verklärten Gotteskinder reißt auch unsere Pilgrimstimme in sich hinein. Es bringt das Hadern der Seele zur Ruhe und gibt uns statt aller dumpfen Ergebenheit in das Schicksal einen Vorgeschmack des Friedens Gottes.
Wenn wir dann sagen und es gleichsam nachsprechen: »Dein Wille geschehe, wie im Himmel, so auf Erden«, so ist das nichts anderes und nichts Geringeres als ein erstes, schüchternes Einfallen in den Lobgesang der himmlischen Heerscharen: Gottlob, daß wir alles, aber auch alles in deinen Willen begraben dürfen, *unser Vater!*

UNSER TÄGLICHES BROT GIB UNS HEUTE

Bittet, so wird euch gegeben; suchet, so werdet ihr finden; klopfet an, so wird euch aufgetan.
Denn wer da bittet, der empfängt; und wer da sucht, der findet; und wer da anklopft, dem wird aufgetan.
Welcher ist unter euch Menschen, so ihn sein Sohn bittet ums Brot, der ihm einen Stein biete?
Oder, so er ihn bittet um einen Fisch, der ihm eine Schlange biete?
So nun ihr, die ihr doch arg seid, könnt dennoch euren Kindern gute Gaben geben, wieviel mehr wird euer Vater im Himmel Gutes geben denen, die ihn bitten! MATTHÄUS 7, 7–11

Das Gebet des Herrn umschließt in einem ungeheuren Spannungsbogen die größten und die kleinsten Dinge. Dieser Bogen wölbt sich von der Bitte um das kommende Reich, also um die totale Wandlung aller Dinge und Machtverhältnisse, bis hin zur täglichen Brotration.

Großes und Kleines, Geistiges und Materielles, Inneres und Äußeres: es gibt nichts, was nicht in diesem Gebete beschlossen wäre. Es kann von einem Kinde gesprochen werden, das um ein Butterbrot bittet, und es kann zugleich gebetet werden in jener beklemmenden Zone zwischen »Vernichteten und Überlebenden«[1], wo man inbrünstig dem Reiche entgegenharrt, das da kommen soll und die ausweglos gewordenen Weltzustände ablösen wird.

Das Vaterunser ist wirklich ein totales Gebet. Und seine sieben Bitten gleichen den Regenbogenfarben des Spektrums, in die sich das Licht zerlegt, wenn es im Prisma gebrochen wird. *Das ganze Licht des Lebens ist in diesem Regenbogen der sieben Bitten eingefangen.* Keiner wird sagen dürfen: Mich läßt er leer ausgehen, oder: An meine Lebensnot hat es nicht gedacht. Es kann an den Wiegen und an den Särgen gesprochen werden, es kann von den Altären der großen Dome aufsteigen und aus den nächtlichen Kammern derer, die »ihr Brot mit Tränen essen«, es kann an der Hochzeit gebetet werden und am Schafott, und es *ist* ja auch überall dort gebetet worden. Alle sieben Farben unseres Lebens sind darin; und so sind wir denn nie allein gelassen.

Wäre das Vaterunser uns allen nicht so geläufig, und hätten wir nicht schon so oft durch dieses Prisma geblickt, dann würde uns sicher jener Lichtstrahl, der hier auf das tägliche Brot fällt, befremdlich vorkommen: Sind es nicht allzu kleine Dinge, von denen hier die Rede ist, und darf man Gott damit kommen, ohne ihn herabzuwürdigen? Ja, ist es nicht geradezu ein Einbruch des

1 Nachdem alle Kirchen Stuttgarts zerstört waren, wurde die Vaterunserreihe im Matthäusgemeindehaus in Stuttgart-Heslach fortgesetzt, wo sie auch durch Alarme immer wieder gestört war und gelegentlich ganz ausfallen mußte.

Materialismus in die abgeklärte Welt des Gebets, wenn statt der »ewigen« und »jenseitigen« Dinge auf einmal – die Ernährungsfrage auftaucht?

Ich meine, wir dürften solche Fragen ruhig stellen, um dann im Lichte des Vaterunsers ganz neu einmal den Wichtigkeitsgrad unserer einzelnen Lebensbedürfnisse zu überprüfen.

Tun wir das nämlich – und das dürfte gerade den »Idealisten« unter uns gut tun –, dann werden wir sehr bald merken, daß ausgerechnet die »kleinen Dinge« und unter ihnen wieder besonders das »tägliche Brot« eine sehr hohe Dringlichkeitsstufe einnehmen, die den großen Dingen unseres Lebens, zum Beispiel unserer Begeisterung für Musik oder für wissenschaftliche oder technische Probleme oder für unseren Beruf oder für vaterländische Ideale, in nichts nachsteht.

Eine Beethovensche Symphonie, die für viele Menschen dem Rang einer göttlichen Offenbarung nahekommen mag, hört sich ganz anders an, wenn wir sie in eisiger Kälte oder unter Fieberschauern anhören müssen. Und der Besuch einer Gemäldegalerie erbaut ungleich weniger (wenn überhaupt noch), wenn wir ihn mit knurrendem Magen und ohne die Stärkung des »täglichen Brotes« unternehmen.

Es ist sicher eine Segenswirkung unserer Zeit (deren harte Erfahrungen unsere Generation einmal in ruhigeren Zeiten an das kommende Geschlecht weitergeben muß), daß uns der Rang der »kleinen Dinge« und sogenannten »Selbstverständlichkeiten« wieder neu klar wird. Früher wäre es ein Zeichen von Trivialität, ja sogar von direkter Geschmacklosigkeit gewesen, hätte jemand gewagt, etwa die »Dringlichkeitsstufe« eines wollenen Pullovers mit der eines Gedichtbandes von Rilke zu vergleichen. Heute sind wir nicht selten vor die harte und meinetwegen geschmacklose Frage gestellt, welches von beiden wir mit in den Luftschutzkoffer nehmen, und es braucht in diesen eisigen Wintertagen durchaus keinen Mangel an »geistiger« Einstellung zu verraten, wenn einer sich für den Pullover und seine Verwandten entscheidet.

Wer das als »Materialismus« bezeichnen würde, verriete damit nur, daß er keine Ahnung hat, welche Rolle eben die »Materie« – vom warmen Ofen über ein wollenes Kleid bis zum täglichen Brot – spielt. Dazu kommt noch folgende Erwägung: Besteht unser aller Leben (selbst das Leben von solchen, die sogenannte »ideelle« und »Gesinnungsberufe« ausüben dürfen, also keineswegs nur das Leben von Gepäckträgern, Straßenkehrern und Angehörigen ähnlicher dem Kleinen verhafteter Berufe), ich frage: Besteht unser aller Leben nicht zu neunzig Prozent aus »Kleinigkeiten«? Beginnt nicht der Tag beim Weckerrasseln sehr oft mit einem Kampf gegen unsern alten Adam, sind nicht Hunger und Müdigkeit, ist nicht die Sorge, wie wir dies und das beischaffen sollen, von dem zerborstenen Fensterglas bis zum Dachziegel oder zum Kohleneimer, ist nicht der unbequeme Stehplatz in der Bahn oder der bequeme Eckplatz in der Polsterklasse, ist der schwere Brief, den wir zu schreiben, oder der schöne Brief, den wir gerade empfangen haben, ist dies alles nicht etwas, das uns ganz ungeheuer beschäftigt, viel mehr oft als die großen und erhabenen Fragen oder als die »welthistorischen Perspektiven« (Spengler), von denen doch jene Kleinigkeiten zumeist abhängen? Zu unserer Schande muß das zugegeben werden. Aber Schande hin und Schande her, es ist jedenfalls so – und vielleicht ist es nicht einmal eine Schande.

Nun stelle man sich bitte folgendes vor: Es wäre uns durch Jesus verboten worden, alle diese Dinge mit unserem Vater im Himmel in Verbindung zu bringen und zu besprechen, einfach deshalb verboten, weil sie zu gering für ihn wären, wo sie uns selbst doch so ungeheuer viel sind. – Stellt euch vor, Jesus hätte uns geboten, nur über die großen Dinge mit ihm zu sprechen: über das Reich Gottes, über die Weltherrschaft Christi, über die Auferstehung der Toten und vielleicht noch über einige jener genannten »welthistorischen Perspektiven«, die sich bei der Beurteilung der gegenwärtigen Gesamtlage auftun und für die man immerhin große Gesichtspunkte aufwenden muß. Wären wir dann nicht schauerlich allein gelassen? Wäre dann nicht der größte Teil unseres Lebens einfach vaterlos geworden, wäre er nicht sich selbst überlassen und in eine kalte Einsamkeit zurückgestoßen? Gott wäre dann wirklich aus dem bedrängenden Alltag unseres Lebens ausgeklammert, und nur ein ganz kleiner Feiertagssektor dieses Lebens wäre gewürdigt, daß Gott in ihm Wohnung machen dürfte. Wir wären alle Waisen, liebe Freunde, wenn es so wäre. Nur im Sonntagsstaat und mit feiertäglich erhellten Gesichtern dürften wir unserem Stiefvater einen gelegentlichen Besuch abstatten und müßten alle Schwielen unserer Hände, alle Kummerfalten unseres Gesichtes, wir müßten alle kleinen Fröhlichkeiten und Kümmernisse unseres Lebens vor ihm verborgen halten, um dann im nächsten Augenblick wieder so entsetzlich allein zu sein, wenn draußen vor den Repräsentationsräumen des Stiefvaters das alles wieder in der geballten Ladung unseres Alltags auf uns hereinbricht.

Gott sei Dank, daß es nicht so ist und daß wir keinen »Feiertagsstiefvater«, sondern den Vater unseres Herrn und Bruders Jesus Christus haben. Gott sei Dank, daß dieser Vater so barmherzig und realistisch ist, daß er die Kleinigkeiten unseres Lebens (einschließlich des warmen Pullovers und unseres täglichen Brotes) genauso wichtig eintaxiert, wie sie in unserem Leben nun einmal sind. Gott sei Dank, daß er uns so nimmt, wie wir dastehen: als lebendige Menschen mit ihren vielleicht großen Träumen und manchmal sogar mit ihren großen Ideen und Taten – *und* mit den vielen *kleinen* Wünschen und Ängsten: mit Hunger und Müdigkeit und den tausend Nettigkeiten und Nadelstichen des Lebens, die selbst das Leben der Großen dieser Erde erfüllen (man braucht nur ihre Memoiren zu lesen).

Wer das aber nicht glauben wollte (und das wäre ja kein Wunder, denn kein Mensch käme von sich aus auf die Idee, einen solchen väterlichen und brüderlichen Herrn zu finden; die menschlichen Gottesideen sind ja alle viel, viel erhabener!), ich sage: Wer das nicht glauben wollte, der brauchte nur Jesus von Nazareth selbst anzusehen, ihn, der nicht in den großzügigen Verhältnissen des Himmels bleibt, sondern in unsern bedrängenden Erdenalltag kommt, wo sich die Dinge hart im Raume stoßen. Und er, dessen Auge in grenzenloser Weite den ersten Schöpfungstag und die Stunde des Jüngsten Gerichtes umspannt und in dem alle Ewigkeiten sich widerspiegeln; er, dessen ausgestreckter Arm über die Meere, Inseln und Kontinente geht, weil ihm alle Gewalt im Himmel und auf Erden gegeben ist: *Er hält sich bei den Kleinigkeiten des Menschengeschlechtes auf*, bei der Traurigkeit einer Mutter, die ihren Sohn verloren hat (Luk. 7, 11 ff.), bei der Lähmung des Gichtbrüchigen (Mark. 2, 1 ff.), bei der Müdigkeit der Jünger (denen er zuruft: Ruhet ein wenig! Mark. 6, 31), und ihm entgeht es nicht, daß die Leute, die ihm in die Wüste nachgefolgt sind, einen knurrenden Magen haben. Sogar für den Wein bei einer Hochzeit ist er besorgt (Joh. 2, 1 ff.). Und den scheinbar lebensunwerten Existenzen, die noch viel kleiner sind als die sogenannten »kleinen Leute«, den Aussätzigen, Lahmen, Geisteskranken, wendet er seine besondere Liebe zu. Wahrhaftig, er weiß nicht nur um das »Reich Gottes«, von dem er in seinen Gleichnissen erzählt, sondern er weiß auch um die Menschen, denen er davon sagt. Er weiß zum Beispiel von ihnen, daß es sehr oft nicht die großen Ideen, die weltanschaulichen Schlagworte und Parolen sind, die sie an seiner Gefolgschaft und an jenem Reiche irre machen, sondern er weiß, daß immer wieder die kleinen Füchse den Weinberg verderben, und daß die kleinen Nagegeister des Herzens die ewigen Fundamente unseres Lebens unterwühlen wollen. So hat die Liebe zu dreißig lächerlichen Silberlingen oder das Beschäftigtsein mit fünf Joch neu gekaufter Ochsen (Luk. 14, 19) oder der Appetit auf ein Linsengericht (1. Mose 25, 34), mit dem in der Stunde der Erschöpfung und des Hungers so leicht nichts konkurrieren konnte, so haben alle diese Kleinigkeiten je und je Menschen um ihre Ewigkeit und um allen Segen gebracht.

Und eben darum, weil der Herr so um den Menschen weiß, weil

er um seine kleinen Wünsche und Hungrigkeiten weiß, um den Mehltau von Sorgen, Schmerzen und tausendfältigem Kleinkram, der ihre Seelen herunterdämpft, und weil er die fast ebenso vielen kleinen Freuden kennt, von denen dieser Mensch heimlich lebt, darum holt er ihn ja auch hier, mitten in seinem Alltag, ab und verlangt nicht von ihm, daß er sich in verkrampften Aufschwüngen und verlogener Alltagsenthobenheit ihm nahe. Bis in die Tiefe des Stalles beugt er sich zu ihm herab. Denn auch die äußere Gestalt des Weihnachtswunders hängt ja wieder mit einer »Kleinigkeit« zusammen, die der Herr auf sich nimmt, um uns in der Welt der »kleinen Dinge« abzuholen: nämlich mit dem Fehlen einer Hotelunterkunft und mit Obdachlosigkeit. Und wir Leute einer zerstörten Stadt wissen ja, was solche uninteressanten Kleinigkeiten für unser Leben bedeuten, und wissen diesem Heiland Dank, daß er unser Bruder auch in den kleinen Dingen des Lebens geworden ist, daß er sich bis zu unserem Hunger und Durst und bis zu unserer Obdachlosigkeit herabneigt (Matth. 8, 20).

Aber wenn ich das alles so sage, höre ich von mir selbst und aus eurem Kreis in Gedanken einen Einwand, den Leutnant Ernst Wurche in Flexens unvergänglicher Novelle »Der Wanderer zwischen beiden Welten« klassisch ausgedrückt hat. Er sagt da, man solle eigentlich nur um »Kraft« bitten – das sei die einzig würdige Art des Gebetes –, man solle im Gebet nach der *Hand* Gottes greifen und nicht nach *Pfennigen* in seiner Hand.

Wir verkennen nicht die entscheidende Wahrheit dieses Satzes, auch wenn er in dieser Form sehr zugespitzt und deshalb nur halb wahr ist. Verachten wir die Pfennige und die Brotkrumen nicht, schon deshalb nicht, weil Gottes Hand sich herabgelassen hat, sie eben *auch* zu umschließen! Schlimm wird die Sache nur, wenn wir die Pfennige und die Brotkrumen *ohne* die Hand des Herrn haben wollen. So haben's die fünftausend Leute in der Wüste gemacht: sie ließen sich füttern, genossen das behagliche Gefühl der Sättigung und machten dann, daß sie wegkamen. Sie betrachteten die Brotkrumen und ihren vollen Magen sozusagen als Selbstzweck. Damit verloren sie den Sinn für das Zeichenhafte und Durchsichtige des Speisungswunders: daß nämlich die *Hand des Herrn* dahinter sichtbar werden wollte als der Ort, aus dem uns alle ewigen und zeitlichen Güter kommen, als die Macht, die unser Leben regiert, und als der Born der Gnade, an dem wir Ruhe finden dürfen. Deshalb ruft Jesus voller Trauer aus: »Wahrlich, wahrlich, ich sage euch: Ihr suchet mich nicht darum, daß ihr Zeichen gesehen habt, sondern weil ihr von dem Brot gegessen habt und seid satt geworden« (Joh. 6, 26). Und er könnte fortfahren: »Deshalb klingt das ›Amen‹ eures dahergeleierten Tischgebetes wie ein ›Mahlzeit‹, und ihr habt im nächsten Augenblick wieder den Türspalt vergessen, der euch durch den schmalen und unbedeutenden Schlitz der täglichen Brotzuteilung in die festlichen Säle eures Vaterhauses und in eure ewige Heimat blicken lassen wollte.«

Diese bittere Erfahrung Jesu ist gleichsam von zeitloser Gültigkeit, und er könnte auch uns zurufen (vielleicht gerade in den Bombennächten zurufen): »Ihr suchet mich nicht darum, daß ihr meine göttliche Bewahrung erfahren wollt, sondern weil euch die Bombe nicht treffen soll. Darum winselt ihr in euren Kellern um einige Pfennige und um ein paar Zusatzraten eurer Lebenstage – und wenn ihr sie habt, macht ihr keinen Gebrauch mehr von meiner Hand, die sie euch reichte. Dann aber wundert ihr euch, wenn diese Hand nun ihrerseits immer mehr eurem Leben entschwindet, und wenn es von Tag zu Tag schwieriger wird, ihren tröstenden, väterlichen Druck zu empfinden und ihrer gewiß zu werden.« (Wie oft stammt die verzweifelte Frage: »Warum verbirgt sich Gott so, warum schweigt er so, wo bleibt Gott?« aus dieser Ecke unseres Lebens?!)

O ihr Pfennigmenschen, ihr Krümelnaturen, warum seid ihr so kleingläubig! Ihr sucht auf dem Boden – wie unwürdig ist das! – nach Brosamen herum, und dürftet doch als Königskinder an der Tafel sitzen, dürftet mit euren Augen, statt am Parkett zu kleben, in das leuchtende Antlitz eures Vaters sehen – und euer Brot würde euch dabei *auch* zufallen (Luk. 12, 31).

Wenn wir das aber nun eingesehen haben, liebe Gemeinde, was Walter Flex hier von der göttlichen Hand sagt, dann gilt nun auch das andere: über die Hand darf es jetzt auch zu den Pfennigen gehen. Ein Vater, der sein Kind nicht in allem anhören wollte, wäre ja kein Vater. Vielleicht lächelt er, weil das Kind oft so wenig Sinn für Proportionen hat und weil es über eine verlorene Schraube seiner Kindereisenbahn mehr trauert als über die Zerstörung seines Elternhauses; er lächelt, weil das Kind so wenig Sinn für groß und klein besitzt, aber er hört es eben doch. Gott will ja gar nicht nur »gelobt« sein; er will auch gar nicht, daß wir immer nur sagen: »Dein Wille geschehe«, und daß wir uns heimlich und tief unterhalb unserer Worte dann doch noch zermartern, weil wir eben auch unsern eigenen Willen, unsere eigenen Sorgen und Kümmernisse haben und sie nur aus der religiösen Höflichkeit des frommen Menschen heraus verschweigen. Machen wir uns doch nichts vor: der Vater sieht uns das ja doch an. Und so dürfen wir denn auch das Heimliche herauslassen. Anders ausgedrückt: Wir sollten Gott nicht nur loben, sondern sollen ihn auch bitten, und dieser Bitte und Fürbitte wohnt eine Macht inne, und es ist ihr verheißen, daß Gott auf sie hören will (Luk. 11, 5 ff; Jak. 5, 17).

Wir brauchen uns also wahrhaftig nicht anders zu machen, als wir sind. Wir brauchen auch keine künstliche Erhabenheit über kleine und große Dinge in unserem Leben zur Schau zu tragen, die Gott uns doch nicht glaubt. (Darum hat er ja auch die Werkgerechtigkeit als Heuchelei abgelehnt, weil da ein Mensch nach außen hin anders tut, als er im Innern ist.) Wer aber doch so tut, als mache ihm das alles nichts, wer etwa als Christ meint, er müsse auch in den schweren Augenblicken seines Lebens, wo Gottes Hand auf ihm liegt und er ein Geschlagener ist, immer mit den strahlenden Augen eines Gotteskindes umhergehen, der kommt mir vor wie ein Kind, das von seinem Vater eins auf die Finger bekommen hat und nun sagt: Ätsch, es hat mir aber gar nicht wehgetan! Wir dürfen und wir sollen uns beugen unter dem, was uns trifft, und nicht die Schule Gottes ignorieren, in die wir berufen sind. Tun wir das doch, so führt das nicht etwa zu innerer Größe, sondern nur zur Heuchelei, zu einem krankhaften Überstrahlen der Augen und zu inneren Komplexen. In unserem Verhältnis zu den schweren Schicksalsschlägen *und* in unserem Verhältnis zu den kleinen Dingen unseres Lebens dürfen wir Gott so nahen, wie wir sind; und was wir aus Stolz vor den Menschen verschweigen (und auch verschweigen sollen), das dürfen wir *ihm* sagen. So wie wir sind, dürfen wir kommen. Wir sind aber Bittende und Leute mit leeren Händen.

Könnte es aber nun nicht sein, liebe Gemeinde, daß uns bei diesem Verhältnis zu Gott, wie ich's soeben beschrieb, doch der Gedanke immer wieder überfällt (so wie die großen Zweifelsgedanken einen ja immer wieder überfallen: plötzlich sind sie da; niemand kann ihnen die Tür verbieten; und nun müssen wir ihnen standhalten): *Ist das nicht ein »kleiner« Gott?* Oder sind wir nicht selber »kleine« Geister und Charaktere, wenn wir mit solchen Kleinigkeiten kommen, statt nur um »Kraft« zu bitten, um das verordnete Schicksal zu ertragen?

Wir dürfen bei diesen Erwägungen nicht vergessen, daß die Initiative bei alledem von Gott ausgeht: Es ist ja gar nicht so, daß wir ihm das Gesprächsthema über unsere kleinen Sorgen und Nöte aufgezwungen hätten, sondern er will darum gebeten sein. Alles aber, was Gott mit seinem Worte und mit seinem Befehle anrührt, wird unter der Hand geheimnisvoll verändert. Luther zeigt das wiederholt am Taufwasser. Das ist von Natur dasselbe Wasser, womit die Magd kocht, es ist, modern ausgedrückt, »H_2O«; aber dadurch, daß »Gottes Wort darein gefaßt« ist, bekommt es auf einmal seine Würde und wird zum Träger des Sakraments, und nun ist es eben doch etwas anderes als »H_2O«.

Wenn aber Jesus in diesem Sinne auch die niedrigen und kleinen Dinge geehrt und mit Worten und Wundern bedacht hat: die

Wunden, den Tod, die Sorgen, den Hunger und die Müdigkeit, dann sollen *wir* nicht so tun, als wären sie nichts.

Das ist gerade die Größe Gottes, daß er sich so tief herabläßt, seine *Allmacht* ist gleichsam nur durch *eine* Eigenschaft zu überbieten: durch seine Liebe. Und die Liebe ist herabgeneigt zu denen, die nach ihr rufen, und auch in alles das, dessentwegen sie rufen.

Auch bei einem irdischen König pflegen wir es ja nicht als »groß« zu empfinden, wenn er sich mit Ketten und Orden und allerhand Lametta behängt. Wir wissen ja, daß dem Ausdruck seiner Macht nach oben keine Grenzen gesetzt sind, und darum empfinden wir es nur als billig, wenn er davon allzu reichlichen Gebrauch macht.

Genauso würden wir es als billig empfinden und – in Anführungsstrichen – als »göttlich allzu göttlich«, wenn Gott sich nur mit dem Geschmeide des Regenbogens und der Abendröte umgäbe und wenn er nichts anderes wüßte, als sich in rauchenden Bergspitzen und grollenden Donnern zu verherrlichen. Bei einem irdischen König empfinden wir seine Unabhängigkeit und Souveränität nur noch größer, wenn er sich herabzulassen vermag, ohne sich etwas zu vergeben. Und dieser Art ist das Herablassen Gottes. Wir loben gewiß den, der die Sonne und die Sterne des Firmaments in seinen Händen hält. Aber am größten ist er uns doch, als die Sonne ihren Schein verlor und als Gott so tief herabgeneigt war, daß er im Sterben des Gekreuzigten unsern menschlichen Tod auf sich nahm. Ist das nicht auch sonst so auf dem Lebensweg Jesu? Sind nicht gerade *die* Lebensstationen des Heilandes von einer geheimen Glorie umhüllt und gleichsam vom Glanz des Gottesreiches überflutet, die die ärmsten sind und die scheinbar weniger als nichts mit dem Weltenkönig auf den Wolken des Himmels zu tun haben? Ich denke an das Elend und die Herrlichkeit der Weihnachtsnacht oder an die erniedrigende und hohe Stunde, wo Jesus mit den Sündern in das gleiche Taufwasser schritt, und endlich an die erbärmliche Stunde des Verrats, wo seine Lebenskurve in plötzlichem und jähem Sturz abfiel und wo er unmittelbar vorher (ausgerechnet da!) sagen konnte: »Nun ist des Menschen Sohn verherrlicht...« (Joh. 13, 31). Ganz in diesem Sinne haben die romanischen Künstler des Mittelalters ausgerechnet den Gekreuzigten und Erniedrigten mit den Insignien der Königsherrschaft ausgestattet und ihm die Krone des Triumphierenden aufgesetzt.

In dieser Niedrigkeit ist die größte Größe Gottes. Und so ist es wohl auch mit seinem Verhältnis zum täglichen Brot. Wenn wir ihn darum bitten und wenn wir »Kleinen« über solche »Kleinigkeiten« mit ihm reden dürfen, so entehrt das seine Gottheit nicht, wohl aber verklärt es jene Kleinigkeiten. Hat das Brot nicht eben deshalb einen besonderen Rang, weil der Herr uns darum bitten lehrte, weil er es selber nahm, brach und den Seinen gab? Liegt nicht ein Schimmer des offenen Himmels über ihm, jenes Himmels, von dem der Vater herniederblickt auf alle, deren Augen auf ihn warten (Psalm 145, 15)?

Um dieses Glanzes willen durfte das tägliche Brot zum Gleichnisträger werden für den sterbenden Herrn, dessen Leib gebrochen wird wie das tägliche Brot, und das uns zu einer Himmelsspeise gegeben wird, deren wir bedürfen wie der täglichen Wegzehrung an unserem gedeckten Tisch.

Die alte Christenheit hat deshalb das Gebet des Herrn nicht sprechen können, ohne auch dieser *geistlichen* Speise dabei zu gedenken: so erhöht und gleichsam von innen erleuchtet war das tägliche Brot für ihr Denken, da doch das Auge des *Vaters* auf ihm geruht und *seine* Hand diese Speise an seine Kinder verteilt hatte.

Noch ein letzter Punkt dieser Bitte sei kurz berührt: Das Vaterunser läßt uns ja nicht nur um Brot im allgemeinen, sondern um das *tägliche* Brot bitten, also um die »Ration«, die wir »heute« nötig haben.

Ich weiß nicht, wieviel Kilogramm Brot in einem durchschnittlichen Menschenleben verbraucht wird, und erst recht weiß ich nicht, wieviel Tonnen Brot die gesamte Menschheit noch braucht, um den lieben Jüngsten Tag zu erreichen. Aber um solch eine Menge läßt uns der Herr auch gar nicht bitten. Er will ja gar nicht, daß wir so weit vorausdenken und vorausrechnen. Schon der »andere Morgen« (Matth. 6, 34) soll mitsamt seinen Sorgen verborgen bleiben in seiner Hand; wir sollen nicht grübeln, was er bringen wird, aber wir sollen uns einüben in der Gewißheit, daß er eben aus dieser Hand kommt.

Darum macht Jesus das »kleine Brot« noch kleiner und zerlegt es gleichsam noch einmal und nimmt nur die heutige Tagesportion in das Vaterunser auf. So tief ist er zum Kleinen herniedergeneigt, so sehr will er, daß wir vertrauen lernen, statt zu rechnen.

Genauso, wie er's mit dem leiblichen Brot hält, so hält er's auch mit dem geistlichen: Auch sein *Wort,* das in der Gleichnissprache doch als geistliche Speise bezeichnet wird, gibt uns keine Totalanweisung für unsere gesamte Lebensstrecke und keinen Pauschaltrost für alle etwa eintretenden Schwierigkeiten, sondern dieses Wort ist unseres »Fußes Leuchte und ein Licht auf unserm Weg« (Psalm 119, 105). Versteht ihr: es leuchtet unsern einzelnen Schritten, die wir *jetzt* zu tun haben; nur die nächsten Meter sind durch diese Fußleuchte erhellt. Nicht mehr – aber auch nicht weniger! Dieses Wort ist kein Scheinwerfer, der die nächsten Monate oder Jahre oder gar den Verlauf dieses Krieges samt den ersten Friedensjahren in gleißendes Licht tauchte, so daß wir auf lange Sicht eine gewisse Bahn vor uns sähen. Nein, nur unseres *Fußes* Leuchte ist es, und wir gehen wie ein Kind ins Dunkle, weil wir an seiner Hand gehen. Auch im geistlichen Sinne geht es »nur« um das *tägliche* Brot.

Wir können diesem Herrn unsere Gegenwart und den »heutigen« Tag anvertrauen, weil ihm die Zukunft und der letzte Tag gehören. Wir können ihm auch die Kleinigkeiten unseres Lebens anvertrauen, weil er zu groß ist, als daß er sich nur mit dem beschäftigte, was wir Menschen als groß empfinden (1. Kor. 1, 18–31).

Gott sei Dank, daß wir so mit ihm reden dürfen, wie's uns ums Herz ist, und daß wir so kommen dürfen, wie wir sind. *Alle* unsere Sorgen dürfen wir auf ihn werfen (versteht ihr: »alle«! nicht nur die großen und ideellen, sondern auch die kleinen und dummen). Er macht schon etwas Rechtes daraus. Aber wir müssen auch recht zielen, damit wir sie wirklich auf *ihn* werfen und *ihn* damit treffen. Darum müssen wir, *ehe* wir vom täglichen Brot und den vielen andern Dingen sprechen, zuerst und von Herzen sagen: »Unser Vater!« *Vor* den Dingen muß immer der *Vater* kommen; aber dann gilt es: Bringet ihm, was immer da ist. Weil *er* dir das Größte geschenkt hat, darfst *du* mit dem Kleinsten kommen.

UND VERGIB UNS UNSERE SCHULD, WIE AUCH WIR VERGEBEN UNSERN SCHULDIGERN

ERSTER TEIL

Denn wir haben nicht einen Hohenpriester, der nicht könnte mit leiden mit unserer Schwachheit, sondern der versucht ist allenthalben gleichwie wir, doch ohne Sünde. Hebräer 4, 15

Unter den Menschen gibt es helle und vernagelte Köpfe, es gibt Heilige und Halunken, solche, die herrschen, und andere, die beherrscht werden. Aber quer durch alle noch so reichen und vielfältigen Differenzierungen geht *ein* gemeinsamer Zug, daß sie nämlich alle – dich und mich eingeschlossen – bekennen müssen:

Wir sind allzumal Sünder und mangeln des Ruhmes, den wir bei Gott haben sollten (Röm. 3, 23). Jedem mangelt dieser Ruhm wieder in anderer Weise: dem Pharisäer fehlt er anders als dem Zöllner, dem jungen Mann wieder anders als der alten Frau. Aber die Verschiedenheit all dieser Weisen fließt doch zusammen in dem einen Satz: »Herr, gehe von mir hinaus; ich bin ein sündiger Mensch.« – »Wir sind alle anders aus deinen Händen hervorgegangen, als wir jetzt sind; nie können wir uns dir so zurückgeben, wie wir uns aus deiner Hand empfangen haben. Wir müssen uns dir alle schuldig bleiben. Wir haben alle die große Hypothek auf unserem Leben.« Das heißt »Schuld«.

Darum sprechen wir diese Bitte »Vergib uns unsere Schuld« auch nicht nur für uns persönlich und nicht bloß als einzelne. Wir bringen in diesen Worten die ganze Bergeslast von Schuld vor den Vater, die alle Welt bedrückt und die wie ein Alpdruck über unserer geschichtlichen Stunde lastet. Denn diese geschichtliche Stunde läßt uns doch dunkel ahnen oder auch hell wach wissen, daß hinter ihren Wehen und hinter den Peinigungen, die nun den ganzen Erdkreis ergriffen und zu schütteln begonnen haben, ein entsetzliches Schuldverhängnis steht.

So treten wir mit dieser Bitte vor den Herrn als solche, die einmal ihr ganzes persönliches Schuldigwerden aussprechen, und die stellvertretend zugleich die ganze Weltschuld, die Schuld der Völker, die Schuld der Regierungen, die Schuld aller Menschen aussprechen in einem einzigen, gewaltig zusammengeballten Wort – so ähnlich, wie in der Stunde von Golgatha Jesus Christus die ganze Menschheitslast in einem einzigen, gewaltigen Ruck zusammenfaßte und sich auf die Schultern lud.

Wir kommen als die zehn »Gerechten«, als die zehn unverdient Gerechtfertigten aus dem Sodom unseres entfesselten Erdkreises und tragen unsere und der ganzen Welt Schuld vor ihn. Wo ein Christ heute betet, da spricht er niemals nur in seinem eigenen Namen, sondern er spricht stellvertretend zugleich im Namen aller, die mit ihm in der Fremde sind – auch wenn sie es selbst nicht wissen und in träumerischem Irren die Fremde für ihre Heimat halten.

In der heutigen, ersten Betrachtung unserer Bitte (die am Bußtag geschieht) wollen wir uns auf die Frage beschränken, was denn mit dieser Schuld wohl gemeint sei.

Im allgemeinen versteht das Evangelium unter »Schuld« und »Schulden« nicht so sehr den aktiven Verstoß gegen Gottes Gebot als vielmehr etwas, das ich wirklich schuldig geblieben bin, etwas, das ich versäumt und unterlassen habe (Matth. 18, 24; Luk. 16, 5 u. a.).

Jesus Christus wird uns im Jüngsten Gericht einmal auf dieses Schuldiggebliebensein ansprechen und zu uns sagen müssen: »Ihr habt mich *nicht* gespeist, *nicht* getränkt, *nicht* besucht (Matth. 25, 43), als ich in der Gestalt des hungrigen, gefangenen, vereinsamten Menschenbruders euren Weg kreuzte. Ihr seid mir Speise, Kleider und Trank, ihr seid mir euer Aufmerken schuldig geblieben.« – »Ich will einmal gar nicht« – so mag er fortfahren – »davon sprechen, wie ihr euch in einem bösen Wort, in einer herzlosen Abfuhr oder mit raffiniert gezielten Nadelstichen gegen euren Nächsten vergangen habt, sondern ich will nur von *den* Dingen reden, die zu tun ihr *schuldig* geblieben seid«:

»Erinnert ihr euch noch an den Menschen, der euch durch die Trauer auffiel, die über seinen Zügen lag, und der darauf wartete, daß ihr ihm ein helfendes, weiterführendes Wort sagtet? Ich finde dieses Wort in der ganzen Ewigkeit nicht, es ist wohl nicht gesprochen worden.«

»Denkt ihr noch an den Soldaten, der an die Front fuhr in eine fast aussichtslose Lage und der euch mit einem Scherzwort die Hand zum Abschied reichte, weil er sich nicht anmerken lassen wollte, wie er im hintersten Winkel seines Herzens danach lechzte, daß er euer letztes Wort als ein segnendes Geleit, als einen stärkenden Zuspruch mit sich nehmen könnte? Ihr aber wart gerade mit andern Dingen beschäftigt, ihr hattet gerade etwas Nettes oder Interessantes erlebt oder wart durch irgendeine Banalität oder Augenblickswichtigkeit abgelenkt. So nahmt ihr den aufgeräumten Ton des Soldaten gerne auf, um eure Laune nicht überschatten zu lassen und um nicht einen Augenblick in Gedanken den Abgrund mit zu durchleiden, auf den der andere zuging. Jetzt ist er tot oder vermißt. Ich finde«, sagt der Herr des Jüngsten Gerichtes, »euer Sterbegeleit für diesen einen, der da von euch in den Tod ging, in der ganzen Ewigkeit nicht. Es muß wohl unterblieben sein.«

Und da ist dein Kamerad und dein Arbeitskollege, der stille Mann in deinem Betrieb, dessen Chef du bist. Er ist ein wenig zurückgezogen, und man kommt nicht ganz hinter ihn. Er spielt eigentlich kaum eine Rolle, und neulich auf dem Kameradschaftsabend wußte der Glossendichter kaum etwas von ihm zu sagen. Bis sich auf einmal herausstellte, daß er entsetzlich unglücklich ist, sei es, daß in seiner Familie etwas nicht stimmt oder daß er an erblicher Schwermut leidet. »Wie konnte ich das übersehen«, sagt ihr dann, und ihr leidet darunter, daß ihr ihm nie ein gutes Wort gabt.

In wieviel Selbstmordfällen habe ich es schon erlebt, daß die Angehörigen und Kameraden sagten: Wir ahnten ja nicht, was in ihm vorging. Warum ahnten wir es nicht? Etwa deshalb nicht, weil wir psychologisch zu wenig geschult waren, oder weil unser Instinkt versagte? Nein, nur deshalb nicht, weil wir ihm die *Liebe schuldig* blieben. Aus keinem andern Grunde. Denn die Liebe setzt mit ihrem helfenden Beistehen ja nicht erst dann ein, wenn man erkannt hat, wo eine Not sitzt. Sondern es ist umgekehrt: Die Liebe hilft uns bereits solche Nöte finden. Man kann nur das verstehen, was man liebt, sagt Goethe einmal – und er meint wahrhaftig damit nicht nur die Botanik und die Mathematik, deren Geheimnisse sich eben nicht erschließen, wenn man mit Widerwillen an sie herantritt, sondern er meint damit gerade den lebendigen Menschen, den Nächsten, den ich nur dann verstehen kann, wenn ich ihn liebe. Liebe macht nicht nur erfinderisch, sondern zunächst einmal finderisch. Die Liebe, wenn sie wirklich da ist, hilft uns nicht nur Wunden heilen, sondern vor allem Wunden entdecken. Nur darum ist auch mit der Mutterliebe das tiefste Verstehen verbunden. Denn die Mutter versteht ihr Kind schon, ehe es sagen kann, warum es weint, und vielleicht schon, ehe es überhaupt weint. Sie versteht es nicht deshalb, weil sie alle Fächer der Säuglingspflege in Theorie und Praxis studiert hätte, sondern weil sie es liebt. Sage mir, wieviel du vom Leiden deiner Menschenbrüder weißt, und ich will dir sagen, wie sehr du sie geliebt hast. Und immer, wenn wir das heimliche und vielleicht bewußt verschwiegene Leid eines Menschen übersehen haben, vernehmen wir den Herrn des Jüngsten Tages, der uns sagt: »Ihr seid die Liebe schuldig geblieben, sonst hättet ihr es erkennen müssen. Denn die Liebe spricht ja gar nicht nur aus der helfenden Hand, sondern vor allem aus der Wachheit eures Blicks. Ich suche den wachen Blick eurer Liebe«, spricht der Herr des Jüngsten Gerichtes, »in der ganzen Ewigkeit vergebens. Er muß wohl unterblieben sein.«

Wenn deshalb das Evangelium uns immer wieder berichtet, daß Jesus weiß, was im Menschen ist, und daß er ihn also versteht und bis in sein Innerstes durchschaut, dann liegt das daran, daß er ihn liebt. Vielleicht können wir nur deshalb den Gedanken ertragen, daß Gott uns bis ins Letzte durchschaut, ja, daß er auch unsere unerkannte Sünde ins Licht vor seinem Angesicht stellt (wie entsetzlich ist dieses Heraustretenmüssen der Schuld aus der Tarnzone ihrer Heimlichkeit!), weil wir wissen: Es geht ja hier gar nicht um eine so theoretische Eigenschaft Gottes wie um seine sogenannte »Allwissenheit«, um das Schreckgespenst eines himmlischen Riesenintellektes, dem nichts entgeht; sondern es geht darum, daß er uns so unendlich liebt. *Darum* versteht er uns so genau. Es ist nicht das Wissen eines Großinquisitors, der jede Miene und jede Herzensregung von uns belauert und in die himmlischen Bücher einträgt, sondern es ist das Wissen, das ein Vater um sein irrendes Kind hat, es ist die göttliche Liebe, der nichts entgeht, weil sie alles *an*geht und weil es sie bewegt und weil sie nicht nur die Schuld, sondern auch das Heimweh in der Fremde sieht.

Wenn Psalm 90 von dieser unerkannten Sünde, die Gott »ins Licht vor seinem Angesicht« stellen will, spricht, dann ist damit alles das gemeint, was ich *nicht* getan habe; es sind damit die vielen Schicksale im Leben meiner Menschenbrüder gemeint, die ich dadurch habe bewirken helfen, daß ich nichts bewirkt habe; es sind damit die Wunden gemeint, die ich übersah, die Hilferufe, die ich überhörte, die Ängste, die ich nicht fühlte, die Verzweiflungen, die mich nicht rührten. *Ich* gehe meinen Weg ungehemmt weiter, denn ich bin mir keiner Schuld bewußt, denn was habe ich Böses »getan«? O *wäre* es nur etwas Handfestes und massiv Böses, was ich getan habe, wäre ich nur eiskalt gewesen (Offb. 3, 15 f.)! Das ist ja das Schreckliche, daß ich *nicht* eiskalt bin, oder vielmehr, daß ich mir deshalb einbilde, das liege an meiner Gutmütigkeit und an meinem Charakter, während ich vielleicht nur die Nerven und die Robustheit dazu nicht habe, und daß ich statt dessen lauwarm und wohltemperiert und ungeniert meinen Weg gehe; wer kann mir denn etwas zum Vorwurf machen? Ich habe immer »recht« getan und »niemand gescheut«.

Aber wehe, wenn im Licht der Ewigkeit, in dem erschreckenden Licht vor Gottes Angesicht das Ungeborene und Ungetane gegen uns aufsteht, die ungesehenen Nöte, die im Dunkel gequälten Leiber und die heimlich bedrängten Seelen, an denen unser Weg vorüberführte und die wir doch nicht sahen, wie der Levit an dem unter die Mörder Gefallenen vorüberging.

Wir werden dann erstaunt fragen, *warum* uns der Herr des Jüngsten Gerichtes das vorhält. Wir werden sagen: »Herr, *wann* haben wir dich nackt, wo hungrig, wo gefangen gesehen? Wir haben dich doch gar nicht gesehen! Und wenn wir etwas gesehen haben, dann griffen wir zu und haben geholfen.« Dann wird der Herr des Jüngsten Gerichtes antworten: »Ihr habt es nicht gesehen, weil ihr keine Liebe hattet. Ihr habt so wenig geliebt, darum waren eure Augen gehalten.«

Ich möchte dieser Tatsache unseres Schuldigbleibens noch eine ganz spezielle Beleuchtung geben, die uns in unserer geschichtlichen Katastrophenstunde besonders naheliegt. Jedenfalls meine ich, wenn ich nun davon spreche, nicht ein »privates« Bekenntnis abzulegen, das nur mich angeht und gleichsam ein Stück Autobiographie wäre, sondern ich meine damit unser aller Not zu erkennen und auszusprechen:

Als einer der dunkelsten Punkte unserer an Dunkelheiten so überreichen Zeit will mir immer der erscheinen, daß uns das Elend der unabsehbaren Flüchtlingsscharen, der Massengräber, der durchlittenen Ängste, der zertrümmerten »Welten« so übermächtig umstellt, daß wir alle hart und gefühllos werden und daß wir es in dieser entstehenden Härte nicht mehr vernehmen. Eine Todesanzeige, die uns früher tagelang umgetrieben hätte, legen wir heute nach einem kurzen, schmerzlichen Besinnen zur Seite und gehen wieder an unsere Arbeit – einfach deshalb, weil ihrer zu viele werden. Wir können das Ausmaß des Leides nicht mehr fassen. Es ist gerade so wie mit den Ultratönen, die man nicht mehr hört, oder besser: Es ist wie bei einem überlauten Knall, der das Trommelfell zerreißt und damit die Funktion des Hörens automatisch ausschaltet. Wir leben alle im Angesicht des Ultraleides, das immer mehr ins Jenseits unserer Fassungsgrenze rückt. Von diesem Augenblick des Ultraleides hat Jesus gesagt, daß das Überhandnehmen der Trübsale die Liebe auch in den Getreuen erkalten läßt (Matth. 24, 12). Wir können, auch wenn wir getreu sein wollen, die Liebe gleichsam nicht mehr brauchen, weil sie uns zu viel verstehen läßt, und weil das viele Verstehen uns krank macht, weil es uns das Leid zu nahe gehen läßt und es zu dicht an uns heranzieht. Darum mobilisieren wir gleichsam alle Selbstschutzkräfte in uns und suchen dem allem mit Verhärtung entgegenzutreten; oder vielmehr: das alles geschieht sozusagen ganz von selbst, gleichsam in einer automatischen Selbsthilfe unserer Natur, unseres seelischen Organismus.

Und indem wir uns so gegen die immer neue Verwundung panzern, indem uns der Panzer anwächst, bleiben wir unserer gequälten Welt das Mitleiden schuldig. Wenn aber diese Verhärtung schon der großen Welt, wenn sie dem Gesamtleiden gegenüber da ist, wieviel mehr dann erst gegenüber dem »Einzelfall«, gegenüber der Qual eines Gemütskranken in unserer Verwandtschaft, gegenüber dem Krebsleiden unseres Nachbarn. Was wiegen angesichts der Tausende von Gefangenen jene »paar« Jünger Jesu, die um des Evangeliums willen in Konzentrationslagern und Gefängnissen schmachten – in all der Anonymität und Unsichtbarkeit ihres Leidens, das sich so grundlegend von den immerhin sehr repräsentativen Scheiterhaufen des Mittelalters unterscheidet?! Wir können dem allem in unsern Herzen, in unsern Gedanken und Gebeten kaum noch ein Plätzlein einräumen, weil wir von der Gesamtheit des Grauens, das uns umlagert, mehr oder weniger völlig in Anspruch genommen und förmlich verzehrt sind. Wir leben ja in einer Zeit der Überfüllungen: die Bahnen, die Geschäfte, alles ist überfüllt – auch unsere Herzen. Das ist das Schwerste. An wie viele Menschen müßten wir denken, wer und was drängt sich nicht alles an dieses Herz! Zu alledem kommt noch, daß wir die Lage der vielen in Not Befindlichen gar nicht kennen und daß wir darum gar nicht speziell und klar umrissen beten können. Wer weiß denn etwas von seinen Freunden in Ostpreußen oder in der Gefangenschaft, wer kennt denn auch nur *einen* jener »Fälle« wirklich, die früher als Sensation des Schreckens eine Zeitung gefüllt hätten?

Doch genug davon. Wir wollen ja nicht in dem wühlen, was uns in alledem peinigt und was wir vielleicht nach wenigen Jahren kaum noch verstehen werden. Wir wollen ja fragen, wie der, zu dem wir das Vaterunser sprechen und in dessen Namen wir's sprechen, davon helfen will. Und da ist es nun so: Gerade die Übermacht des Leides, die wie eine steile Wand um unser Leben steht, kann uns helfen, den einzig möglichen Ausweg aus dieser Bedrängnis, aus diesem ewigen Schuldigwerden und Sich-schuldig-Bleiben und Nicht-mehr-Nachkommen zu finden.

Eines hilft jedenfalls nicht (davon möchte ich zuerst sprechen, weil ich diesen falschen Weg immer wieder beschritten sehe): Es führt uns nicht weiter, wenn wir unser Herz, das allmählich steinern und hart und gefühllos wird, dadurch zu erweichen und eindrucksfähig zu machen suchen, daß wir uns ständig die einzelnen Szenen des Schreckens und des namenlosen Leides vor Augen malen, daß wir uns fortgesetzt zwingen, hinzusehen. (Überfällt uns dieses Hinsehen nicht plötzlich, während wir – was ja in dieser tollen Zeit bei Gelegenheit *auch* immer wieder geschieht – einen Geburtstag oder irgendein Wiedersehen oder eine Hochzeit feiern und behaglich beisammen sind? Auf einmal ist das Grauen da, das um den Horizont dieses festlichen Abends herumliegt; und einer macht sich auf einmal zum Sprecher und beschwört die Dunkelheiten: Wie mag es jetzt denen zumute sein ...) Dieses fortgesetzte Hinsehen, zu dem uns Liebe und Pflicht zu rufen scheinen, könnte nur zu innerer Erkrankung und unfruchtbarer Schwermut führen.

Nein, die einzige Hilfe besteht wirklich darin, »aufzusehen auf Jesus ...« In ihm läuft ja wie an einer höchsten Sammelstelle das Weltleid zusammen. Sein Blick erreicht alle Fernen der Erde, an denen gelitten wird; er hört das Schluchzen der Vereinsamten, der aller Bindung von Familie und Eigentum Entblößten. Er ist *mit* verwundet von der Angst der Sterbenden und der tödlich Bedrohten; er vernimmt das Seufzen der Gefangenen hinter ihren Gittern und elektrisch geladenen Stacheldrähten; er trägt auf seinen Schultern alle Sorgen, die stündlich, minütlich von jedem Quadratkilometer der bewohnten Erde auf ihn geworfen werden. Er sieht nicht nur die verworrene Weltlage im *großen*, er begnügt sich ja nicht mit der göttlichen Perspektive eines Gesamtüberblicks. Er kommt ja wie in den Stunden, da er über die Erde ging, zu dem einzelnen, dem Namenlosen, der in irgendeinem Hinterhause verlassen lebt; er weiß um die kleinen Sorgen der Kinder und um die grausigen Wahnvorstellungen der Geisteskranken, die nie ein Wort zu fassen und nie ein Herz zu verstehen vermag. Ja, er erkennt noch die Lebensfreude des Sperlings und das Jauchzen und die Angst der kleinen Geschöpfe, die tief unterhalb jener Zone leben, die wir Menschen mit unserm Interesse bedenken.

Könnte ein menschliches Auge den Anblick dieser Summe von Unglück und Grauen, von Verstümmelungen und Todesangst ertragen, könnte ein menschliches Ohr den Schrei der Unglücklichen ertragen, der Tag um Tag und Nacht um Nacht zum Himmel dringt?

Und weil er's nicht nur registriert, sondern mit Liebe hört, darum verwundet es ihn, darum ist sein Herz durchlöchert von jedem Dolch, der gezückt, von jeder Kugel, die geschossen, von jedem bösen Wort, das gesprochen wird. Der Heiland ist förmlich durchsiebt vom Weltleid.

Nur so können wir ja sein Leiden, sein Mitleiden verstehen. Denn er läßt sich das Grauen der Weltfront ja nicht einfach »nach hinten« in den Himmel melden, wo es dann schon in abgeblaßten Berichten ankommt, er sieht es auch nicht aus der Höhe der himmlischen Distanz, von wo es merkwürdig verkleinert und summarisch wirkt – so wie es ein Flieger erleben mag, der aus mehreren Kilometern Höhe die Zerstörung einer Stadt erlebt und der von da aus nicht mehr das »Kleine« und »Einzelne« sieht: nicht mehr die Mutter, die in Todesangst ihr Kind an sich drückt, nicht mehr die Not der Verschütteten und nicht mehr das Dahinsinken der Heiligtümer, in denen viele Generationen zur Ewigkeit fanden. Sondern Jesus Christus sieht dies alles so, daß er dabei ist. Er ist ja durch sein Menschwerden selber dem Tode, den Schmerzen, den grauenvollen Händen der Menschen, der Gefangenschaft, der Blöße, dem Hunger, der Heimatlosigkeit ausgeliefert gewesen: »ich bin (wirklich) hungrig gewesen, ich bin (wirklich) bloß, durstig, einsam gewesen und wahrhaftig nicht nur ›symbolisch‹. Ich habe das alles auf mich genommen, was auf euch hereinbricht oder nur je hereinbrechen mag. Wahrlich, ich kann als euer ›Hohepriester‹ Mitleid haben, weil ich mitleide.«

So laufen alle Straßen des Unglücks in ihm zusammen, und alle tödlichen Pfeile treffen seine Brust. In jedem Keller, der unter den Detonationen schüttert, ist er zu Gast; in jedem Flüchtlingstreck wandert der Heiland mit – seit Jahrtausenden und bis an den Jüngsten Tag.

Darum gilt jetzt eines mit aller Bestimmtheit:

Wenn wir in der Übermacht des Weltleides uns unserm Nächsten schuldig bleiben, wenn unser Mitleiden sich verhärtet, dann wollen wir uns nicht in den Anblick des Grauens versenken, um uns innerlich aufzupeitschen. Wir sollen uns ebensowenig von dem allem zurückziehen und auf kurze Stunden des Vergessens bedacht sein. Sondern wir sollen mitten in der Übermacht des Leides das *Leiden des Herrn* bedenken. Indem wir *seiner* Armut gedenken, gedenken wir aller Armen; indem wir *seine* Gefangenschaft betrachten, sind alle Gefangenen in unsern Gedanken gegenwärtig; indem wir *seinen* Tod betrachten, helfen wir allen Sterbenden und legen ihnen eine helfende, geleitende Hand unter den Kopf. *Sein Leiden ist stellvertretend für alle.* Und alles, was wir *ihm* tun, haben wir auch seinen geringsten Brüdern getan. Und alles, was wir ihm schuldig bleiben, das bleiben wir auch unsern Brüdern schuldig.

So hilft uns Jesus bei unserem Schuldigbleiben in mehreren Richtungen (wie er uns durch seine Vergebung hilft, werden wir in der nächsten Betrachtung sehen):

Er hilft uns einmal dadurch, daß wir sein liebendes und mitleidendes Verstehen, daß wir also sein Kreuz betrachten dürfen. Indem wir *seine* Hand halten, halten wir *allen* Leidenden, Geprüften, Gefangenen die Hand. Denn in ihm ist ja die Summe alles Leides aufgespeichert und gegenwärtig.

Und wahrlich, das ist keine platonische Angelegenheit, die nur etwas mit unserer persönlichen Erbauung zu tun hätte und in der Zone unseres Inneren bliebe. Sondern diese »Angelegenheit« hat ein durchaus realistisches Gepräge; denn indem wir seinem Mitleiden und seinem großen Erbarmen nahe sind, wird unser hartgewordenes Herz selber enthärtet und wird es auch im ganz praktischen Sinne neu aufnahmefähig für alles, was uns nah und fern an Leiden unserer Menschenbrüder begegnet. Indem wir sehen, wie Jesus sich herniederneigt zu den Gepeinigten und Gemarterten, den Erniedrigten und Beleidigten, können wir gar nicht anders, als diese Bewegung mitzuvollziehen und auch uns herniederzulassen. Wer in dieser Sonne steht, wird selber warm. Wer in dieser Sonne steht, kann gar nicht anders, als weiterzustrahlen. So hilft uns Jesus Christus unsere Schuld abzutragen und alles, was wir unserem Bruder schuldig bleiben, aufzufüllen.

Oder besser und genauer ausgedrückt: Es ist recht eigentlich *sein* Mitleiden, was da an unsere Stelle tritt, es ist Kraft von *seiner* Kraft, die unserer Schwachheit aufhilft. »Ich lebe, doch nun nicht ich, sondern Christus lebt in mir« (Gal. 2, 20). Und genauso wird jeder, der in Jesu Schule der Liebe ist und seine Brüder ganz neu verstehen lernt, bekennen müssen: Das ist ja gar nicht *mein* Werk, das ist ja gar nicht *mein* Charakter und *mein* Einfühlungsvermögen; das ist der Heiland selber, der mich in sein eigenes, stellvertretendes Leiden hineinzieht. Und er wird dann genauso sagen müssen: Ich »liebe«, doch nicht ich, sondern *Christus* »liebt« in mir.

So dürfen wir ihm denn unsere verhärteten Herzen bringen; er zerschmilzt sie. So dürfen wir ihm unsere erkaltete Liebe bringen; er liebt an unserer Statt. Aber gerade dadurch zieht er uns in sein eigenes Lieben hinein und entfacht auch unsere Liebe. Es muß ja alles genesen, was in seine Nähe gebracht wird. So dürfen wir ihm auch unsere ganze Hilflosigkeit gegenüber der Übergröße des Weltleides bringen, dem wir betend und mitfühlend einfach nicht mehr gewachsen sind. Er versteht auch den Seufzer *dieser* Hilflosigkeit und reißt ihn in den Strom seines ewigen, hohenpriesterlichen Mitleidens hinein. Und wahrlich, auch unser hilfloser Seufzer (unser schreckliches Schuldigbleiben und Nichtmehr-Mitkönnen) ist gut bei ihm aufgehoben; denn er ist ja nun jenem Herzen anvertraut, in dem alles Leiden und alles Grauen der Welt aufgenommen und durchlitten und in Liebe geteilt wird. Und jener arme Seufzer kehrt als Segen und Erbarmen von dort in diese unglückliche Welt zurück, so wie die Feuchte der Meere und Flüsse zu den Wolken aufsteigt und von dort aus als Regen und Tau, befruchtend und befreiend, wieder zur Erde zurückkehrt.

So kann auch aus unserem hilflosen Seufzer, so kann auch aus alledem, was wir schuldig geblieben sind zu sagen und zu tun oder auch zu beten, das Herz des Heilandes noch etwas machen. Er ist der Verwandler aller Dinge und Herzen. Er kann selbst dem, der schuldig geblieben ist, überschwenglich geben aus seiner Fülle, und alle, die geistlich arm sind, macht er zu Teilhabern seines königlichen Reichtums. »Es ist ja dein Geschenk und Gab', mein Leib und Seel' und was ich hab in diesem armen Leben ...«

Darum gilt vom Leben eines Christenmenschen auch immer dieses Gesetz:

Seine eigene Armut und Schuldigkeit wird immer größer, je länger er in der Jüngerschaft ist. Aber der Reichtum und die Fülle seines Herrn wird *auch* immer größer und füllt allen seinen Mangel aus. Er muß abnehmen, sein Herr aber muß zunehmen. Und das tut er denn auch überschwenglich, hoch über unser Bitten und Verstehen.

UND VERGIB UNS UNSERE SCHULD, WIE AUCH WIR VERGEBEN UNSERN SCHULDIGERN

ZWEITER TEIL

Da trat Petrus zu ihm und sprach: Herr, wie oft muss ich denn meinem Bruder, der an mir sündigt, vergeben? Ist's genug siebenmal?
Jesus sprach zu ihm: Ich sage dir: Nicht siebenmal, sondern siebenzigmal siebenmal.
Darum ist das Himmelreich gleich einem König, der mit seinen Knechten rechnen wollte.
Und als er anfing zu rechnen, kam vor ihn einer, der war ihm zehntausend Pfund schuldig.
Da er's nun nicht hatte zu bezahlen, hieß der Herr verkaufen ihn

und sein Weib und seine Kinder und alles, was er hatte, und bezahlen.

Da fiel der Knecht nieder und warf sich auf sein Angesicht vor ihm und sprach: Habe Geduld mit mir; ich will dir's alles bezahlen.

Da jammerte den Herrn des Knechts, und er ließ ihn los, und die Schuld erließ er ihm auch. MATTHÄUS 18, 21–27

Bei dem Worte »Schuld« horchen wir heute[1] in besonderer Weise auf. Wir alle wissen: Bei diesem Wort geht es nicht in erster Linie um solche moralischen Kleinigkeiten wie die, daß wir hier einmal unsere Pflicht nicht getan und dort einmal allzu heftig geworden seien.

Es geht dabei nicht um »Puppensünden« (Luther), und vielleicht liegt der Akzent – wenn wir heute von »Schuld« sprechen – nicht einmal primär auf dem, was unser ganz »persönliches« Leben an Schuld und Versäumnis birgt. Ich glaube, wir denken bei diesem Wort heute alle zuerst an die »Welt«-Schuld.

Treibt uns nicht alle miteinander die Frage um, wer an der grenzenlosen Qual unserer Gegenwart »schuld« ist? Ist das nicht das Thema, das uns alle beschäftigt, wenn nur einige beieinander sind? Werden über diese Frage nicht Konferenzen von Staatsmännern, Wirtschaftlern und militärischen Experten auf der ganzen Welt abgehalten, die alle zuerst einmal sagen: »Dieser und jener ist schuld an der Katastrophenstunde unseres Erdballs«? Und auf dieser Tatsache, das heißt auf der »Schuld des andern«, bauen wir nun alles auf, was wir über eine neue Welt zu planen haben.

Ist es nicht im vorigen Weltkrieg genauso gewesen? Klingt uns allen nicht noch das Wort »Kriegsschuldlüge« in den Ohren, auf das man damals eine neue Welt meinte aufbauen zu können, eine

1 Dies ist die letzte Rede, die unmittelbar vor der Besetzung Stuttgarts – noch im »Dritten Reich« – gehalten wurde.

Welt also, die wiederum auf der »Schuld des andern« gegründet war und darum in sich zerfallen mußte?
Wir alle spüren in dem grausigen Weltverhängnis, in dem wir mitten inne stehen und das noch nicht zu Ende gelitten ist, eine entsetzliche Schuld. Wenn wir nur wüßten, *wer* diese Schuld hätte! Die Gedanken aller Menschen in allen Ländern gleichen heute eifrigen Polizeidienern, die nach dem Schuldigen Ausschau halten. Wir modernen Menschen machen zwar keine Bußgänge mehr und bringen keine Sühneopfer, um einen geheimen Frevel zu tilgen, den wir dunkel hinter den schrecklichen Verhängnissen ahnen, wie die Alten das taten, wenn die Pest über sie herfiel oder wenn Feuersbrünste ihre Wohnstätten vernichteten. Aber auch *wir* ahnen, daß ein verzehrender Frevel vorliegen muß, wenn das Abendland in solche Peinigungen gestürzt wird und wenn die Menschen allmählich zu sagen beginnen (was ihnen bisher als ein fremdes Wort aus einer befremdlichen Welt entgegenklang): Ihr Berge, fallet über uns, und ihr Hügel, bedecket uns! (Luk. 23, 30).
Nun unterliegt es zwar keinem Zweifel, daß es den Begriff des Kriegstreibers und daß es also hochgradig Schuldige dieses Elends gibt. Aber zugleich ahnen wir auch, daß wir bei einem Weltereignis von so elementarer Urgesetzlichkeit, wie es dieser apokalyptische Krieg ist, keinen Einzelmenschen oder eine Gruppe von Menschen mit jener Schuldhypothek belasten dürfen, als gälte es nur, einige Verbrecher mit ihren Cliquen dingfest zu machen, damit die Menschheit wieder Ruhe bekäme und in ihren paradiesischen Frieden zurückkehrte. Denn wir spüren heute: An unserer Welt selbst ist etwas nicht in Ordnung, daß es dahin kommen konnte. Irgendwo im Hintergrund dieser Welt muß ein entsetzlicher Riß sein, der sie in ihren Fundamenten bersten läßt und immer wieder Katastrophen und Zusammenbrüche heraufbeschwört. Denn schon seit Jahrtausenden (solange die Welt steht) rieselt und knistert es ja in ihrem Gebälk. Ein Zusammensturz jagt den andern, Krieg und Kriegsgeschrei durchtosen die Lüfte,

und alle Rezepte und Entwürfe von neuen Weltordnungen und alle Versuche, ein Gleichgewicht der Mächte zu berechnen und zu verwirklichen, helfen hier gar nichts.
Wo sitzt dieser Riß?
Ich sagte soeben, daß wir Menschen immer – nicht nur in unserem persönlichen, sondern auch im großen Leben der Völker – die Schuld beim andern suchen und daß zum Beispiel die Friedensschlüsse nach den großen Kriegen immer auf die »Schuld des andern« aufgebaut werden, daß sie damit den Charakter eines Rachefriedens erhalten und darum ihrerseits *neu* den Revanchedurst heraufbeschwören. Das ist die Schuldlawine, die in der Geschichte der Völker immer mehr anschwillt – und wahrhaftig nicht nur im Leben der Völker, auch im Leben der einzelnen. Es kann schon in einem Mietshaus so sein: Die eine Partei hat an der andern etwas auszusetzen und läßt sie das spüren. Die aber reagiert entsprechend sauer. Es ist das Gesetz des Echos, das hier in Kraft zu treten pflegt, das Gesetz: »Wie du mir, so ich dir«, nach dem so die kleine Schuld (vielleicht nur eine schlecht geputzte Treppe) anschwillt und sich zu einer vergiftenden Atmosphäre verdichtet, die sich erstickend und verpestend über ein Haus, über ganze Sippenverbände (korsische Blutrache!) und über ganze Kontinente legen kann. So ist das Schuldverhängnis eine Schraube ohne Ende. Es treibt zur Vergeltung, die von dem einen Pol auf den andern und wieder zurück springt.
Das also ist das Verhängnis in unserem menschlichen Leben und im Völkerleben, daß es sich immer auf der »Schuld des andern« aufbaut und es verlernt, an die eigene Brust zu schlagen. Und unsere Welt kann nicht zum Frieden kommen, weder die Völker noch die einzelnen in ihrem privaten und beruflichen Umkreis können es, solange nur der Schrei nach Vergeltung unter uns zu hören ist und solange wir nicht zur Sühne bereit sind: Vergib uns unsere Schuld!
Damit ist das entscheidende Stichwort gefallen, auf das uns Jesus hier führt. Er lehrt uns nicht bitten: Räche die Schuld, Vater! Du

siehst doch das Unrecht, und dir stehen Blitze und Donner zur Verfügung, um die Frevler niederzustrecken! Du kennst doch die Schuldigen, du kennst die Quäler und Peiniger unserer sich windenden Welt. Und die Geißeln, welche sausend auf uns herniederzischen, sind doch deine göttlichen Geißeln. Warum kannst du sie nicht zerbrechen und wegwerfen, nachdem sie als deine Werkzeuge schuldig geworden sind? Kannst du mir den Nebenbuhler, den einen Kollegen, den einen Hausgenossen, den einen Menschen, der mein Leben zerbrochen hat, nicht vom Halse schaffen?

Das alles lehrt Jesus uns nicht. Er macht sich in geradezu herausfordernder Weise nicht zum Anwalt dieser Stimme unseres Blutes und unseres natürlichen Instinkts. Er lehrt uns statt dessen: »Vergib uns unsere Schuld.« Und wahrhaftig, er meint das nicht als ein bloß privates Erbauungsgebet. Nein, ich bringe die Schuld der ganzen Welt, ich bringe Krieg und Kriegsgeschrei, ich bringe allen bewußten und ungekannten Frevel in das Licht vor Gottes Angesicht, wenn ich diese Worte bete.

Wenn wir das so sagen, bedeutet es zweierlei:

Erstens: Bei alledem, was an Schuldverhängnis über der Welt brütet, über ihren Kontinenten und Meeren, ist *auch meine Schuld* dabei. Das alles ist ja *mein* Herz, was da – nur in riesige Perspektiven, in Weltausmaße übersetzt – mir entgegentritt: Vergeltung ist ja auch das Gesetz, unter dem *mein* kleines Leben steht. Ich weiß ja selber, wie sehr ich ein Echo bin auf das, was meine Umgebung mir entgegenbringt. Tritt sie mir freundlich gegenüber, so hellen sich auch *meine* Züge auf. Schikaniert sie mich, so verfinstert sich mein Sinn im gleichen Maße. Wir brauchen nur zu beobachten, wie der Funke des Bösen in rasender Geschwindigkeit von Pol zu Pol eilt, wie zum Beispiel in einer überfüllten Bahn oder beim Schlangestehen vor irgendeinem Amt eine einzige Bosheit oder Ungeduld sofort überspringt und ansteckend wirkt und wie im Handumdrehen eine förmliche Masseninfektion daraus geworden ist.

Zweitens: Darum muß ich bei allem, was über die Weltschuld zu sagen ist, bei mir persönlich und bei meiner eigenen Schuld beginnen. Ich kann gleichsam nicht zum Fenster hinausschauen und mich moralisch über das große Babylon entrüsten, das in seiner gottlosen Finsternis da vor mir liegt, sondern ich werde durch alles, was ich dort draußen in Weltausmaßen erkenne, nur an mein eigenes »babylonisches Herz« (Francis Thompson) erinnert. Und unwillkürlich fühle ich mich an die harte Seelsorge des Propheten Nathan erinnert, der auf David mit dem Wort zufuhr: »Du bist der Mann!« *Ich* bin es also, der Vergebung haben muß und bei dem die Sanierung der Welt zu beginnen hat.

Es ist ganz sicher wahr, daß die Gebote Gottes etwas sind, das mit der Erhaltung der ganzen Welt und mit der Gesundung der Völker zu tun hat. Aber es wäre töricht zu meinen, sie wären deshalb so etwas wie eine Verfassungsordnung unserer Welt, die man nur korrekt einhalten müßte, damit wir dann »in aller Gottseligkeit und Ehrbarkeit« unseren ruhigen und ungestörten Tag leben können: als ob man sie einhalten könnte! Darin liegt ja gerade das entscheidende Problem, daß man die Gebote nicht einfach den Völkern geben kann, damit sie sie schlecht und recht halten, so wie man etwa Anweisungen des Bürgerlichen Gesetzbuches schlecht und recht einhält. Wäre es so, dann hätte Christus nicht zu sterben brauchen.

Man kann nämlich die Gebote nur dann halten, wenn man in eine ganz neue und persönliche Gemeinschaft mit Gott versetzt wird. Nur wenn wir erfahren, daß uns der Vater liebt, können wir das Gebot erfüllen, von ganzem Herzen, von ganzer Seele und aus allen Kräften unseres Gemütes Gott wiederzulieben. Jemanden, der einem fremd ist oder gar als feindliche Schicksalsmacht gegenüberzustehen scheint, kann man ja nicht lieben. Nur wenn wir um den wissen, der uns zuerst geliebt hat, kann auch unser Herz zur Liebe, zur liebenden »Reaktion« entzündet werden. Und ferner, nur wenn wir im Umgang mit Jesus Christus erfahren, wie er auch in den dunkelsten Existenzen seiner Menschenbrüder noch den Adelsrang der Gotteskindschaft entdeckt, wie er durch die Schmutzschicht hindurchsieht, von der Pharisäer und Zöllner und Dirnen gleichermaßen bedeckt sind, und wie er für sie stirbt, nur dann vermögen auch wir die Brüder zu lieben und wird uns ihr Leben heilig sein, selbst wenn sie verworfen und böse oder wenn sie irre und geisteskrank und »lebensunwert« sind. Wenn jemand diesen Blick, mit dem Jesus die Menschen ansieht, nicht hat, oder wenn ein ganzes Volk oder eine ganze Welt diesen Blick aus ihrer Mitte verbannt, dann kann es keine Ehrfurcht mehr geben vor dem andern, dann kann es auch kein Recht und erst recht keine Liebe mehr geben. Dann ist auch das menschliche Leben keinen Pfifferling mehr wert, und die Guillotinen beginnen sich heißzulaufen.

Manche armen Narren sagen: »Je größer man Gott macht, um so kleiner wird der Mensch – bis er endlich gar so klein wird, daß er meint, er sei nur ein Wurm.« Diese Selbstverkleinerung sei typisch für die christliche Art, in welcher der Mensch jener orientalisch übersteigerten Kolossalfigur seines Gottes gegenübertrete. Ich frage statt dessen: Kann man es heute nicht mit Händen greifen, daß es wirklich, aber wirklich hundertprozentig umgekehrt ist: *Je mehr man Gott aus dem Leben verbannt, um so verlassener, um so wertloser wird auch der Mensch*, um so mehr wird er zum Freiwild! Und ich wage weiter zu fragen: Wo in der Welt hat der Mensch eine höhere Würde als dort, wo der Sohn Gottes den menschlichen Adel noch tief unterhalb des Lasters entdeckt, wo er ihn bei Besessenen und Geisteskranken und innerlich und äußerlich Verseuchten noch erkennt und wo er sein eigenes Leben für sie dahingibt? Atmet nicht jeder gedrückte, jeder von der Angst oder von Schuld oder von Minderwertigkeitsgefühlen gepeinigte Mensch neu auf, wenn er mit Jesus von Nazareth in Berührung kommt – einfach deshalb, weil er nun auf einmal weiß: Der behandelt mich wie seinen *Bruder*, der sieht in mir nicht nur den Sünder oder einen hoffnungslos Verzweifelten oder ein Nervenbündel oder einen, der seine Umgebung nur belastet und bremst, sondern der sieht in mir das verirrte Kind, aber eben das *Kind*, und zwar nichts Geringeres als das Kind seines *Vaters*, das er mit dem Opfer seines Lebens retten und nach Hause bringen will? Ich frage: Wo ist je ein Adel des Menschengeschlechtes erfunden oder auch als verwegenstes Idealbild erträumt worden, der jener Würde gleichkäme, die der Mensch unter den Augen Jesu bekommt? Und ich kann mich nicht scheuen, es auszusprechen: Lieber ein Wurm unter diesen Augen als ein Götterbild vor den Menschen!

Darum halten diese Augen Jesu auch die Welt zusammen, weil sie uns Menschen ein ganz neues Verhältnis zueinander schenken. Daraus folgt aber zunächst ganz einfach dies, daß man nun unter diese Augen kommen muß. Darum genügt es nicht, zu sagen: Man muß die Gebote halten und muß sie zum Verfassungsschema der Welt erheben. Das ist sehr leicht und billig gesagt, aber nicht nur schwer, sondern schlechterdings unmöglich zu tun. Man *kann* einfach niemanden auf Befehl hin »lieben« oder ihm vergeben oder auf Befehl vor dem Leben und dem Eigentum des andern Respekt haben (um nur einige Themen zu nennen, die in den Geboten angerührt werden). Das alles kann ich nur dann, wenn ich in der Nachfolge des Herrn stehe, mit dessen Augen gesehen die Welt, mein Volk, mein Nächster auf einmal total anders aussehen, und dessen Art zu »sehen« daher auch *meinem* Handeln und meiner ganzen Art, im Leben zu stehen, ein ganz neues Gepräge und einen unerhörten Antrieb gibt.

Ich sage nochmals: Wir sollen nicht »zum Fenster hinausblicken« in das böse Babylon und sagen: Ja, wenn unser Volk nur zurückfinden wollte...! Wir haben keine Ursache, ihm mit pharisäischer Geste zuzuwinken!

Das, was »draußen« passiert, ist nichts anderes als die makrokosmische Spiegelung dessen, was in deinem und meinem Herzen an Haß, Neid, Lüge, Mordgier und Ehebruch ist. Darum läßt sich Gottes Heilsgedanke mit der Welt im Grunde auf eine ganz einfache Formel bringen: *Durch das menschliche Herz ist die*

Schöpfung verdorben worden, darum muß auch in diesem Herzen jede Erneuerung und jede Kur beginnen. Dies und nichts anderes ist auch der ganz einfache Grund dafür, daß das Evangelium den so oft bemängelten Fehler zu haben scheint, kein Rezept für eine neue Weltordnung zu besitzen, – ein Rezept zum Beispiel mit gültigen Gesetzen darüber, wie eine politische Ordnung oder der Aufbau des Rechtslebens oder die Gestaltung der sozialen Struktur in Angriff zu nehmen sei. Alle Parteien, Gruppen, Vereine und Regierungen, die von hier aus die Welt zu kurieren versuchen und uns in schnellstem Wechsel Programme, Konferenzen, Ausschüsse usw. servieren, müssen scheitern, weil sie nicht vom Licht der Ewigkeit aus denken und darum an der falschen Stelle mit ihren Reformen beginnen, weil sie das Pferd paradoxerweise vom Schwanze her aufzäumen.

Ich sage: Das Evangelium enthält in der Tat kein Rezept für eine gültige Weltordnung, sondern es ist eine Arznei für unser Herz. Hier nämlich, am Ausgangspunkt aller Weltleiden, am Ausgangspunkt auch jenes entsetzlichen Weltenbruches, der heute den Boden unter uns allen wanken läßt, setzt Jesus mit der Heilung ein. Die schmerzhaften Eitergeschwüre, die heute am Körper der ganzen Menschheit aufbrechen, können nicht dadurch kuriert werden, daß man von außen an ihnen herumdoktert und -schneidet, sondern nur so, daß von innen heraus das Blut und die Säfte gereinigt werden und daß die belebende und alles regulierende Mitte des Körpers, daß das Herz erneuert wird. Auf diesen Herzpunkt der Welt lenkt Jesus unsern Blick, wenn er uns bitten läßt: »Vergib uns unsere Schuld.« Er meint damit das heimlichste Verhängnis der ganzen Welt, er meint damit das Lawinengesetz der korsischen Blutrache und ihrer Verwandten, er meint damit die Friedlosigkeit und Unversöhnlichkeit in zahllosen Häusern und Familien, er meint damit auch den Knäuel der ineinander verbissenen und sich zerfleischenden Völker in diesem letzten Jahre des großen Krieges, und endlich meint er damit zweifellos auch noch die dem Blitz dieses Völkerringens nachrollenden und vor allem noch nachrollen werdenden Donner des Hasses, die erst allmählich verhallen werden.

Dies alles meint Jesus in diesem einen Gebet, das wahrhaftig die Welt umspannt.

Aber er meint dieses Weltumspannende so, daß er damit dein und mein Herz meint und daß er das Weltenheil und das Weltgericht an die ganz persönliche Geschichtet bindet, die du und ich mit ihm eingehen sollen. Mit dieser Bitte »Vergib uns unsere Schuld« sagt er uns noch einmal das so persönlich zufahrende Wort: Du bist der Mann! Aber diesmal sagt er's uns nicht als Gericht, sondern so, daß »ich« und daß »mein Herz« der Ort sein sollen, wo das Neue, das ganz Neue, wo das »Weltenheil« beginnen soll.

Die Welt, liebe Zuhörer, lebt von den paar Gerechten in Sodom und Gomorra, sie lebt von den paar Salzkörnlein, als welche du und ich berufen sind. Der Weltkreis lebt und wird wie durch Atlasarme gehalten von den Gebeten derer, in denen die Liebe nicht erkaltet und die ihre Hände emporhalten. *Von diesen Händen lebt die Welt, von sonst nichts!*

Die große Erlösungsbitte »Vergib uns unsere Schuld« läßt uns damit unser innerstes Herz aufreißen und alles Furchtbare, was darin ist, den gnädigen Händen Gottes anbefehlen. Aber eben damit sprengt sie auch die Türen zu den innersten Geheimnissen und Kammern unserer ganzen Welt und läßt uns stellvertretend für alle und alles die Bitte sprechen: »Vergib uns unsere Schuld!«

Liebe Zuhörer! Es kommt mir bei der Botschaft, die ich der Schrift meine abgelauscht zu haben und die ich als Prediger weitergebe, immer mehr und entscheidend darauf an, daß uns der große *Weltzusammenhang* klar wird, in dem alles steht, was wir Christen glauben und bitten. Es kommt mir alles darauf an, daß wir nicht nur eine Privatfrömmigkeit pflegen, sondern daß uns bei jedem Gebet ein Erschauern überfällt darüber, daß wir stellvertretend für alle Völker und ihre so unwissenden Regierungen vor Gott treten, und daß Gott der kleinen Schar seiner Gemeinde das Schicksal der *Welt* anvertraut hat, ein Erschauern darüber, daß er um ihret- und also um deinet- und meinetwillen noch zögert mit seinem Jüngsten Tag und der großen Schlußabrechnung mit der Welt. Wir sollen immer wieder darüber erschauern, was an Ungeheurem der Treue unsres Glaubens und Betens anvertraut ist und was es heißt, daß wir als Christen wie Nüchterne in einer berauschten Welt und als Königserben und Erlöste in einer Welt der Katastrophen und der Sklaverei dahinschreiten. Dann wird uns die heilige Leidenschaft derer überfallen, die Schicksale zu bestimmen, die ein Weltschicksal betend zu tragen und zu wenden haben. Auch Weltkinder beginnen das manchmal zu ahnen, so wenn etwa eine Zeitung von europäischem Rang letzthin die These vertrat, diese verfahrene Welt lasse sich nur vom Sakralen, vom Heiligen, her noch einmal ordnen.

Um was geht es nun in dieser Vergebung der Schuld, mit der wir bei uns selber zu beginnen haben ?

Was heißt Vergebung?

Sie kann jedenfalls nicht bedeuten, daß wir eine Schuld mit dem »Mantel der Liebe« verdecken. Es geht in allen göttlichen Dingen niemals um Illusionen und Täuschungsmanöver. Im Gegenteil, ehe die Schuld vergeben wird, muß gerade der Mantel, mit dem sie verhüllt war, aufgedeckt und muß die Sünde unbarmherzig – jawohl, unbarmherzig – in das Licht vor Gottes Angesicht (Psalm 90) gerückt werden; mit andern Worten: sie muß *bekannt* werden. Alles, was Gott tut, ist kristallklar und hell. Es findet niemals in mystischem Halbdunkel oder im Halbbewußtsein des Rausches statt, sondern es geschieht bei Licht und in einer sehr realistischen Nüchternheit.

Aber gerade deshalb, weil die Sünde in all der drastischen Offenheit, zu der sie sich enthüllen und bequemen muß, vergeben wird, ist von vornherein klar, daß die Vergebung nicht ein psychologischer Trick ist wie die geschickte Manipulation mit dem

Mantel, sondern daß sie ein *Wunder* ist, und daß man deshalb auch die Worte »vergeben« und »vergessen« niemals im gleichen Atemzuge nennen sollte.

Worum geht es also bei diesem »Wunder« der Vergebung? Jeder von uns, der sagen darf: »Ich bin ein begnadigter Sünder«, weiß ja ganz genau, daß das niemals heißen kann: Ich tue keine Sünde mehr. Ich bin heilig; oder besser, wenn auch etwas drastisch: Ich bin durch eine moralische Chemie gereinigt. Sondern er weiß nur zu gut, was alles noch in seinem Herzen lauert, und wie die Wölfe nach wie vor in seinem Keller heulen.

Vergeben kann also nicht heißen: chemisch reinigen. Sondern es heißt: daß meine Schuld mich nicht mehr von Gott trennen soll, daß sie kein Abgrund mehr sein kann, der mich von dem Vater scheidet.

Genauso ist es ja, wenn eine Mutter ihrem Kind oder eine Frau ihrem Mann eine Lüge vergibt. Wenn das Kind gelogen hat oder ein Mann seine Frau belügt, dann zerbricht etwas zwischen den beiden. Man sagt dann auch ganz richtig: Es steht etwas »zwischen« ihnen. Und wenn die Mutter, die Frau vergibt, dann heißt das nicht: Ich »vergesse« es. (Vergessen kann sie es ja gar nicht. Noch als Greisin wird sie vielleicht von einem eisigen Frost überschauert werden, wenn sie an die einstige Lüge ihres Mannes oder Kindes denkt.) Aber es heißt: Es soll uns nicht mehr scheiden. Die Verbundenheit der Liebe ist größer als die Trennungsmacht, die dazwischentreten wollte.

Aber wie ist das denn möglich? Kann man denn so etwas im Ernste sagen, kann man vor allem von Gott so etwas sagen?

Indem Jesus uns diese Bitte lehrt, zeigt er auf sich: Um meinetwillen, weil *ich* da bin, ist das möglich. Der Hebräerbrief sagt einmal (Kap. 2, 11), Christus habe sich nicht geschämt, uns seine Brüder zu heißen; und zwar hat er sich deshalb nicht geschämt, weil er nicht auf unser »So-Sein«, sondern auf unsern Ursprung und auf unsere Bestimmung geblickt hat, nämlich darauf, daß wir einstmals aus den Händen Gottes entlassen wurden und daß wir seine königlichen Kinder sein sollten. *Darauf* hat er geblickt; und darum hat er, in dem dieser Ursprung rein gewahrt und in dem alles, was Gott mit uns vorhatte, vollendet gegenwärtig ist, sich nicht gescheut, einer von uns zu werden und sich als Schicksalsgenosse zu denen zu gesellen, die in Finsternis und Schatten des Todes, die in den Ketten der Schuld und in den Schlingen der Angst gefesselt sind.

Um dieses Einen willen, der unser Bruder ist und der diese Bruderschaft mit seinem Blute bezahlt hat, wird uns Gott vergeben. Diesen Einen wird Gott anschauen, wenn Jesus uns bei der Hand nimmt und vor den Thron des Vaters führt. In diesem Einen wird er alles das wiedererkennen, was in unsere Hände gegeben war und was wir verspielt haben. In diesem Einen wird er uns als seine Kinder wiedererkennen.

Dadurch, daß Jesus Christus unser Bruder wird, legt er uns alles das bei, was wir besaßen und verdorben haben, so wie auch in irdischen Familien ein verlorener Sohn dadurch Achtung und Rang zurückerhalten kann, daß sein im Ansehen stehender Bruder sich zu ihm bekennt, daß er ihm sein Vertrauen schenkt und daß er nun alle Härte auf sich nimmt, die dieses Geschenk und Opfer seiner Bruderschaft für ihn bedeutet, und ihn damit an seinen eigenen Privilegien teilnehmen läßt.

Seht, deshalb kann ich die Bitte »Vergib uns unsere Schuld« nur *so* sprechen, daß ich dabei auf diesen meinen königlichen Bruder blicke, der den Adelsbrief unversehrt in Händen hält, jenen Adelsbrief, in dem auch mein Name steht. Ich kann sie nur so sprechen, daß ich lobe und singe, was schon ein Kind begreifen und ein Mann nicht auszulernen vermag: »Christi Blut und Gerechtigkeit, das ist mein Schmuck und Ehrenkleid, damit will ich vor Gott bestehn, wenn ich zum Himmel werd eingehn!« Der Vater kommt mir entgegen und drückt mich an seine Brust, weil ich mit meinem Bruder Jesus Christus komme und das hochzeitliche Kleid trage, das der Ausweis meiner königlichen Sippen zugehörigkeit ist. Jesu Kreuz legt sich gleichsam wie eine Zugbrücke über den Abgrund. *Da hinüberschreiten, das heißt in den Stand der Vergebung treten.*

Aber noch ein letzter Zug muß in dieser Bitte beobachtet werden. Sie wird sofort praktisch. Im Christenglauben bleibt nichts im Ghetto unseres Innenlebens verschlossen. Alles drängt sofort hinaus und will Tat werden. Gott stellt uns schon mit dem nächsten Satze immer an die Arbeit.

Was wir nämlich selbst in der Vergebung erfahren haben, will sofort wirksam werden in unserem Verhältnis zum Nächsten. Wo Gott großzügig ist und uns zehntausend Pfunde erläßt, sollen wir keine kleinlichen Schalksknechtsnaturen sein und uns um hundert Groschen lumpen lassen, die uns der Nächste schuldet (Matth. 18, 21 ff.). Wenn Gott uns vergibt, daß wir mit einer Keule nach ihm geschlagen haben, sollen wir auch unsrerseits damit fertig werden, daß unser Kollege, unser Nachbar, unser Chef, unser Untergebener mit der Stecknadel nach uns gestochen hat. Denn so und nicht anders ist das Größenverhältnis zwischen dem, was Gott uns erläßt, und dem, was wir unserem Bruder zu erlassen haben.

Hier ist das einzige Rezept dafür, wie wir die Schuldfrage, die zwischen uns und unserem Nächsten steht, bewältigen können, die Schuldfrage in unserer Ehe oder in unserem Büro oder in der Schlange am Eisenbahnschalter, wo mich jemand in unverschämter Weise zur Seite zu boxen versucht. Nur der Blick auf das, was Gott uns getan und was er uns erlassen hat, kann mich mit einem Schlage über die Situation erheben, kann mich von der lauernden Gegenreaktion des Böse- und Verbittertwerdens erlösen und mir die königliche Freiheit schenken, zu vergeben. Ich sage: Nur das kann diese Freiheit bewirken. Wenn ich nämlich nicht selbst ein begnadigter Sünder bin und unter der Vergebung stehe, kann ich nicht vergeben. Ich kann dann meinen Zorn nur verdrängen und beherrschen. Aber das führt nur dazu, daß sich immer mehr Bitternis und Galle in mir aufspeichert, bis es sich eines schönen Tages in einer jähen Explosion entlädt. Das liegt dann ganz einfach daran, daß dieses Verdrängen nicht auf einer echten Freiheit beruhte, weil es nicht einer echten Erlöstheit und darum auch Gelöstheit entsprang, sondern daß es verkrampft und darum krank war. Vergeben kann ich nur in der königlichen Freiheit der Kinder Gottes, als einer, der selber frei geworden ist und darum auch den andern frei gegenübersteht.

Damit kehren wir zum Ausgangspunkt zurück: In der Vergebung ist die einzige Möglichkeit gegeben, wie die Welt von dem Echogesetz frei wird, wie sie von jenem furchtbaren und chaotischen Gesetz frei wird, nach welchem die Völker und die einzelnen sich an der »Schuld des andern« immer aufs neue entzünden und aufpeitschen und nach welchem die Schuld- und Vergeltungslawine zu immer gigantischeren Ausmaßen schwillt. *Echo sind wir nämlich immer*. Es fragt sich nur, auf was.

Entweder wir sind Echo auf das Unrecht, auf die Intrige, auf die Schikane, auf die Gemeinheit, die um uns her ist. Dann werden wir selber intrigant, schikanös und gemein. Oder wir sind das Echo auf Jesus Christus und damit das Echo auf das, was uns an vergebender und erneuernder und schöpferischer Liebe von unsrem Vater her entgegentritt. Dann werden wir selber liebevoll, erneuernd, vergebend, schöpferisch und positiv.

Hier ist die einzige Möglichkeit, wo die Schraube ohne Ende, von der wir am Anfang sprachen, eben doch noch ein Ende findet und wo das schauerliche Vergeltungsprinzip durchbrochen ist: *Jesus Christus schenkt uns einen neuen Anfang!*

Das »Alte« – das heißt: dieses Blut, das nach Vergeltung ruft und bis in die selbstzerstörerische Wollust des »Auge um Auge, Zahn um Zahn« emporzusteigen vermag – dieses Alte ist vergangen, siehe, es ist alles neu geworden!

Ein neues Leben beginnt überall da, wo Jesus Christus hereingelassen wird, und eine neue Zeit steigt aus den dumpfen Verliesen der alten Rachegötter empor, wo die Knie sich vor dem

Thron des Einen beugen und alle Zungen bekennen müssen, daß Jesus Christus der Herr sei.
Wo Jesus Christus angenommen wird, stehen wir an einem neuen Anfang unseres Lebens und vor Möglichkeiten, wie sie keine Welt aus sich heraus zu geben vermag.
»Wahrlich, dieser Mensch ist Gottes Sohn gewesen!« (Matthäus 27, 54).

UND FÜHRE UNS NICHT IN VERSUCHUNG, SONDERN ERLÖSE UNS VON DEM BÖSEN

ERSTER TEIL

Es hat euch noch keine denn menschliche Versuchung betroffen. Aber Gott ist getreu, der euch nicht läßt versuchen über euer Vermögen, sondern macht, daß die Versuchung so ein Ende gewinne, daß ihr's könnet ertragen. 1. KORINTHER 10, 13

Wir kennen alle das Schlag- und Programmwort, das von Nietzsche geprägt wurde und uns aus tausend Zeitungen und Reden entgegenklang: »Gefährlich leben.«[1]

1 Diese Rede war die erste nach der Besetzung Stuttgarts.

In diesem Wort drückt sich der Protest gegen alle spießbürgerliche Behaglichkeit aus, die risikolos und möglichst pensionsberechtigt in sicheren Geleisen einherleben möchte.
Aber noch ein anderer Sinn steckt darin: nämlich die innere Einstellung eines Menschen, der jedes höhere und autoritäre Gesetz über Bord geworfen und das Steuer selbst in die Hand genommen hat, ja noch mehr: die innere Einstellung eines Menschen, der auch die Hand Gottes, in der er geborgen sein könnte, zurückgestoßen und seine Sache allein auf die eigenen Fäuste gestellt hat. Denn er will ja gar nicht mehr »geborgen« sein, er will ja »gefährlich« leben.
Dieser Mensch mußte darum auch die Vergebung leugnen und das Kreuz des Herrn mit einem Fußtritt zu stürzen suchen, weil er für seine Schuld selber geradezustehen wünscht und alle Folgen in Zeit und Ewigkeit auf sich nehmen will. Ja, auch die Gefahr der Ewigkeit wünscht er zu tragen. Und das Jüngste Gericht wird das letzte Abenteuer sein, das er zu bestehen gedenkt.
Wir haben tausendfach in dieses Gesicht der Verächter geblickt. Sie alle wollten und wollen – es wird sie nämlich immer geben – die heroischen Abenteurer des Lebens sein, die das alles nicht nötig haben. Sie waren und sind verliebt in das »gefährliche« Leben und preisen sich glücklich, als die großen Vabanquespieler des Lebens das Risiko auf sich zu nehmen, auf verwegene Höhen zu klettern oder in schauerlichste Abgründe zu stürzen.
Das Experiment ist kläglicher ausgegangen, als wir es alle für möglich hielten. Wir hatten uns den Sturz der Heroen heroischer vorgestellt. Das soll keine bloß »historische« oder gar »politische« Feststellung sein, die dem Gottesdienst fernzubleiben hat. Ich erwähne sie nur, weil sie geeignet ist, eine entscheidende und den Augenblick weit überragende Frage in uns zu entbinden: Sollte nämlich dieses furchtbare und zugleich klägliche Scheitern vielleicht darin begründet liegen, daß das Wort vom »gefährlichen Leben« eine Phrase gewesen ist, eine Phrase in dem Sinn, daß man die wirklichen Gefahren des Lebens gar nicht kannte, daß

man zum Beispiel meinen konnte, die einzigen Gefahren beständen in dem, was ein Volk bei seinem militärischen Lebenskampf auf sich nehme und was es bei seinem gigantischen Versuch riskiert (nämlich geschichtlich und biologisch riskiert), »die ganze Welt zu gewinnen«?

Während es doch ganz anders ist: während nämlich die einzige und unerhörte Gefahr darin bestand und immerfort bestehen wird, daß es »Schaden nehmen könnte an seiner Seele«, daß zum Beispiel seine Männer meinen könnten und nun wirklich auch konnten – darin läge zum Beispiel ein solcher Schaden –, sie selber machten Geschichte, während sie doch nur geblendete und geführte Gäule Gottes sind;

daß dieses Volk sich für auserwählt hält, während die göttliche Faust schon gereckt ist, um es jählings zu stürzen;

daß es über den zeitlichen Aufgaben die Ewigkeit, daß es über dem Glauben an sich selbst seine Schuld und Vergebungsbedürftigkeit übersieht;

daß es an Gott zu glauben wähnt (»gottgläubig« zu sein meint), während es den Listen des Teufels mit seinen schimmernden Seifenblasen erliegt;

daß es mit fanatischer Energie daran geht, wirtschaftliche, soziale und politische Probleme zu lösen, und über der Lösung dieser täglichen Aufgaben übersieht oder übersehen will, daß es zunächst und vor allem einen Erlöser braucht, der die tiefste Basis seines persönlichen Lebens in Ordnung zu bringen hätte, jene Basis, *auf* der allererst gehandelt werden kann –?

Ich frage: Sollten *hier* nicht die eigentlichen Gefahren des Lebens auf uns lauern, jene Gefahren, von denen unser Volk keine Ahnung hatte, an denen es deshalb so grauenvoll scheiterte – gerade in den Jahren und in den Augenblicken scheiterte, wo es sich den Sport eines »gefährlichen Lebens« meinte leisten zu können und sich eine Weltanschauung zusammenzimmerte, die mitten in ihrer lachenden Lebensbejahung und in ihrem Kraft-durch-Freude-Rausch an den eigentlichen und schrecklichsten Gefahren vorüberblinzelte: an der Gefahr nämlich, daß es einen Teufel gibt, der einen mitten in allem Idealismus an der Nase herumführen kann, und – daß es einen Gott gibt, an dem man scheitern kann, weil er seiner nicht spotten läßt?

Kann man denn die ungeheure Katastrophe, die jetzt über uns hereingebrochen ist, überhaupt anders verstehen als von diesem biblischen Gesichtspunkt aus?

Wer könnte noch so verblendet sein, zu meinen, daß dieser entsetzliche Zusammenbruch mit dem Schwund unseres Kräftepotentials zusammenhinge oder mit der feindlichen Übermacht oder ähnlichen Faktoren? Das alles stimmt ja, gewiß, aber das alles ist doch nur die äußere Erscheinungsform einer viel hintergründigeren Tatsache: der Tatsache nämlich, daß wir die Größe »Gott« nicht in unsere Pläne einkalkulierten und deshalb größenwahnsinnig wurden; daß wir die Gebote Gottes verletzten und deshalb ins Schlepptau unserer unberechenbaren und grausamen Instinkte gerieten; daß wir den monumentalen Ruf: »Ich bin der Herr, dein Gott, du sollst keine anderen Götter neben mir haben!« überhörten und deshalb von den falschen Göttern des Blutes in einen Machtrausch und in einen Herrschertaumel versetzt wurden, der die ganze Welt gegen uns auf den Plan rief; daß wir uns nicht mehr auf die Wunder der göttlichen Führung verließen und deshalb an Wunderwaffen glaubten, die nie kamen; daß wir nicht mehr wußten, daß Gott im Himmel und der Mensch auf der Erde ist, und darum das Augenmaß verlieren mußten für die wirklichen Proportionen des Lebens und *deshalb* dann auch in den rein äußeren Bereichen der politischen und militärischen Kräfteverhältnisse mit Blindheit geschlagen wurden. Soll ich noch fortfahren?

Diese Exempel genügen wohl schon, um uns zweierlei klarzumachen:

Einmal, daß die Leugnung Gottes und daß der Sturz des Kreuzes keineswegs nur eine private Entscheidung ist, die bloß mein eigenes Innenleben und sozusagen nur meine persönliche Seligkeit beträfe, sondern daß diese Leugnung sofort die brutalsten Konsequenzen für die Gesamtheit des geschichtlichen Lebens und ganz besonders für unser eigenes Volk hat. »Gott läßt seiner nicht spotten.« Das ist nicht nur das oft billig behandelte Thema individueller Traktatgeschichten, sondern davon weiß die Weltgeschichte ein grausames Lied zu singen.

Ferner, die Fragen, die mit Gott und den Dämonen zusammenhängen, besitzen einen Realitätsrang, der den äußeren Geschichtsfaktoren, gleich ob sie auf sozialem oder wirtschaftlichem oder militärischem Gebiet liegen, in einer geradezu erschütternden Weise überlegen ist. Das Unsichtbare ist mächtiger und auch geschichtsschöpferischer und geschichtszerstörerischer als das Sichtbare. Wer es heute noch nicht erfaßt hat, daß unser Volk mit seinem Programm des »gefährlichen Lebens« *ausgerechnet an der Gefahrenquelle »Gott« und sonst an nichts gescheitert ist,* der hat keine Augen, zu sehen. Der sieht vor lauter Bäumen den Wald nicht mehr, und der sieht vor lauter Einzelkatastrophen die Grund- und Kardinalkatastrophe hinter dem allem nicht mehr.

Es ist furchtbar billig, zu sagen: »Ich will gefährlich leben«, wenn man den Sinn für die wirklichen Gefahren verloren hat. Es ist furchtbar billig, zu meinen: »Ich muß nur tapfer und ohne Grauen durch den nächtlichen Wald des Lebens marschieren und darf mich vor dem Dunkel nicht fürchten«, wenn man keine Ahnung hat, daß dieser Wald des Lebens erfüllt ist von den gewappneten Rittern eines sehr gefährlichen Gottes, der seiner nicht spotten läßt.

Damit stoßen wir zugleich auf den eigentlichen und biblischen Sinn des Wortes »gefährlich leben«, der viel tiefer und vor allem ganz anders ist, als es die großen Abenteurer des Lebens ahnten und ahnen.

Die Bitte »Führe uns nicht in Versuchung« läßt uns das Leben in der Tat als gefährlich verstehen, als etwas, woran man scheitern und zugrunde gehen, worin man das falsche Pferd besteigen und wobei man alles auf die falsche Karte setzen kann.

Luther sagt einmal bei seiner Auslegung der Versuchungsbitte: »Wir sind umgeben hinten und vorne von Anfechtungen und können uns derselben nicht entschlagen.« Luther hat ja die Welt voller Teufel gesehen, die nach ihm griffen, und hat in seiner drastischen Weise sogar das Tintenfaß nach ihnen geworfen. Werden wir uns bei diesem Weltbild nun etwa an den Kopf greifen und ausrufen müssen: Dieser arme mittelalterliche Narr! Wie hat uns doch unsere moderne, aufgeklärte und bis in die Tiefe belichtete Welt von den Schrecken dieses abergläubischen, gespenstererfüllten Weltenzwielichts erlöst –! Oder bleibt uns dieses Wort nicht im Munde stecken, weil wir in unserer apokalyptischen Stunde zu ahnen beginnen, *was* Luther gesehen hat und was *wir* verlernt haben zu sehen? Es ist ja noch keineswegs gesagt, daß das, was man nicht sieht oder verlernt hat zu sehen, auch in Wirklichkeit nicht mehr da wäre.

So sehr also ist das Leben von Gefahren umlauert, und so sehr stehen wir in der »Gefahr«, uns von Gott losreißen zu lassen und den falschen Göttern zu verfallen.

Denn das ist recht eigentlich der Inhalt der Versuchung sich von Gott losreißen zu lassen. Wir dürfen auch hier nicht bei den »Puppensünden« stehenbleiben, wir dürfen uns nicht bei der Versuchung des Kindes zum heimlichen Zuckerschlecken aufhalten und auch nicht bei der Versuchung unseres alten Adam, zu lange im Bett zu bleiben und zu spät im Dienst zu erscheinen.

Es geht bei der Versuchung zunächst um ein ganz anderes Thema: nämlich tatsächlich darum, daß wir durch kleine und große Ereignisse unseres Lebens, durch kleine Liebhabereien und große Leidenschaften dazu gebracht werden können, die Verbindung mit dem Vater zu verlieren. Denn über eines müssen wir uns klar sein (ich habe früher schon einmal davon gesprochen): Die Verbindung mit Gott wird kaum jemals dadurch aufgekündigt, daß einer hinsteht und nach dem Vorbild des Prometheus die Faust gegen den Himmel ballt, um mit programmatischem Trotz Gott abzuleugnen oder ihm abzuschwören. Sondern diese

Entscheidung gegen Gott vollzieht sich in der Regel auf kaltem Wege und beinahe unbemerkt von dem abtrünnigen Geiste.
Zum Beispiel glaube ich, daß viel mehr als antichristliche Ideologien und verführerische Weltanschauungen einfach die Tatsache des Radios, des Kinos und anderer Faktoren unseres modernen Lebens auf die Entscheidung gegen Gott eingewirkt hat; nicht, weil etwa im Radio oder im Kino gegen Gott gehetzt würde, sondern deshalb, weil beide Bereiche unseres Lebens uns durch ihre Dauerbenützung Gelegenheit geben, die Frage nach der Ewigkeit an uns selber überhaupt nicht mehr in uns hochkommen zu lassen. Der ganze Lebensstil einschließlich der Überbelastung mit Arbeit und einschließlich der von früher bekannten Wochenendfahrten, die den Menschen jeder gottesdienstlichen Bindung entrückten, haben viel mehr auf das Ersterben unserer Beziehung zum Vater eingewirkt als alle ideologischen Programme. Hier liegt also ein solcher »kalter Weg« der Gottesentscheidung vor, von dem ich soeben sprach. Unser Lebensstil will deshalb wahrlich im Namen der Ewigkeit unter Kontrolle genommen werden.
Aber auch die großen und edlen Dinge können sich zwischen Kind und Vater drängen. Ein Student, der die ersten schüchternen Versuche machte, wieder zu Christus heimzufinden, schrieb mir einmal, als er leidenschaftlich an einer Arbeit über Hölderlin saß: »Ich kann die Frage nach Christus, nach der Vergebung der Schuld und so weiter augenblicklich nicht mehr gebrauchen. Mein Leben ist gegenwärtig ganz ausgefüllt mit einer großen Leidenschaft, Hölderlin für mich zu entdecken. Darüber vergesse ich ganz das, was mir kürzlich – als ich gerade leer und ausgepumpt und unausgefüllt war – so wichtig erschien: daß ich mit meiner Schuld, mit meinem Verzweifeln am Sinn des Lebens fertig werden müsse. Das alles ist jetzt, wo die große Aufgabe mich bis zum Bersten erfüllt, wie weggeblasen und wirkt wie ein fernes Gespenst, während es vorher Fleisch und Blut hatte und bedrohend und fordernd auf mich zukam.«

Seht, da wird *auch* eine heimliche Entscheidung gefällt, ohne daß der Student das überhaupt gemerkt hätte. Es ist wirklich so: Selbst die großen Dinge können sich zwischen Kind und Vater drängen.

Darum können wir die Bitte »Führe uns nicht in Versuchung« auch so umschreiben, daß wir sagen: »Laß mir nichts zur Versuchung werden«; denn alles (versteht ihr, alles!) kann mir zur Versuchung werden: nicht nur bestimmte Triebe und Süchte, denen ich hörig werden kann und denen gegenüber ich Gottes gebietendes Wort geschickt abdämpfe oder noch geschickter für unzuständig erkläre (warum sollte mir Gott auch in meinen hemmungslosen Ehrgeiz oder auch in meinen Geschlechtstrieb hineinzureden haben!), sondern auch das Große im Leben kann mir zur Versuchung werden.

Was ist es zum Beispiel, das im Lutherlied »Ein feste Burg ist unser Gott« als gefährlichster Konkurrent des Gottesreiches auftritt? Diesmal ist es nicht der Geschlechtstrieb oder der Neid oder der Haß oder ein anderes Laster, sondern diesmal wird die Konkurrenz vom Größten und Liebsten bestritten, das unser Leben erfüllt: von »Gut, Ehr', Kind und Weib«, oder besser:

vom *enteigneten* Gut (oder der Angst vor Armut und Abhängigkeit);

von der *verlorenen* Ehre (oder von der Angst vor dem Vogelfreisein und der öffentlichen Verachtung);

von dem ins *Elend* gestoßenen Weib und den *hungernden* Kindern (oder von der Angst, daß den liebsten Menschen auf der Erde etwas geschehen könnte).

Hat dies alles, hat gerade dies Größte und Liebste nicht immer wieder die Menschen (vielleicht gerade in den hinter uns liegenden Jahren), hat dies alles nicht dich und mich abgehalten, Gott eine ganze Treue zu halten, hier aufzustehen und einen Saal zu verlassen, weil Christus gelästert wurde, dort auf ein Führeramt zu gehen und zu sagen: »Machet mit mir, was ihr wollt, aber rührt mir die Seele meines Kindes nicht an«? Ich frage: Hat uns dieses Größte, hat uns die »Ehre« vor den Menschen nicht abgehalten, hier auf eine Beförderung zu verzichten und uns dort für einen Erniedrigten und Verfemten einzusetzen, und ist also dieses Größte und Liebste, sind »Gut, Ehr', Kind und Weib«, die ich eben nicht gefährden wollte, mir nicht immer wieder zur Versuchung geworden, sie höher zu stellen als das Reich, das uns doch bleiben sollte? Haben wir nicht vielleicht die inferioren Triebe in uns tapfer bekämpft – man hielt uns mit Recht für Leute von unantastbarem Privatleben und mit sauberer Weste –, und sind wir nicht nun paradoxerweise gerade durch diese größten und liebsten Schätze unseres Herzens in die Nähe der Dämonen geraten und haben es von Tag zu Tag mehr spüren müssen, weil die Nähe Gottes ständig aus unserem Leben wich?

So gefährlich ist das Leben, Freunde! Denn diese Entscheidungen sind ja wahrlich keine Kleinigkeit. Seine Gefährlichkeit liegt gerade darin begründet, daß die Gefahren in Schlupfwinkeln lauern, wo wir sie nicht vermuten, und daß die wildesten Wölfe, die auf uns warten, immer die harmlosesten Schafskleider tragen, daß sie sich sogar hinter den Gesichtern der uns liebsten Menschen verstecken können.

Gerade die positiven und großen Dinge in unserem Leben müßten deshalb unter Kontrolle genommen werden. Jesus hat nicht gesagt: »Es ist unmöglich, daß eine *Dirne* ins Himmelreich kommt«, wohl aber: »Wie schwer, ja unmöglich ist es, daß ein *Reicher* ins Reich Gottes kommt.« Und diese Reichen sind ja wahrlich nicht alle Pfeffersäcke und Bonzen, sondern es können Leute sein von Kultur, von einem gepflegten Lebensstandard, von reichem und weitem Geiste, erhoben und zugleich gefährdet durch alle Schätze der Bildung.

Auch der Versucher in der Wüste, von dem in der nächsten Betrachtung noch einiges zu sagen sein wird, hat Jesus im Grunde lauter großartige und hinreißende Vorschläge gemacht. Er hat nicht vergessen, an seinen Idealismus zu appellieren, an seine Frömmigkeit und sogar an das Wort Gottes. Er hat ihm eine phan-

tastische Idee der Menschenführung vorgeschlagen dadurch, daß er ihm alle Reiche dieser Welt anbot, und er hat doch nur eines gewollt: ihn mit Hilfe jener großartigen Ideen, die wohl einen Menschengeist berauschen konnten, von seinem Vater lösen.
Das ist die eine Überraschung, die wir beim Nachdenken über die Versuchung finden.
Die andere besteht in folgendem: Wenn wir der Versuchung erliegen, etwas ohne Gott zu tun, so kann das zunächst große Erfolge haben. Die Erfolgsanbetung ist überhaupt *die* Form des Götzendienstes, die der Teufel am sorgfältigsten kultiviert. Hier pflegen auch die seriösesten Männer einen schwachen Punkt zu besitzen. Die hinter uns liegende Zeit bietet dafür ein reiches Anschauungsmaterial. Wir konnten in den ersten Jahren nach 1933 beobachten, welcher geradezu suggestive Zwang von großen Erfolgen ausgeht, und wie die Menschen, selbst Christen, unter dem Eindruck dieser Erfolge aufhörten zu fragen, in welchem Namen, unter welchem Vorzeichen und um welchen Preis sie errungen waren. Weil der Erfolg also das größte Betäubungsmittel ist, tut der Teufel, tun die falschen Propheten (Matth. 24, 24), tut das Tier aus dem Abgrund große Wunder (Offb. 13, 13), und selbst seine tödliche Wunde muß wunderbar heilen (Offb. 13, 12).
Ich sage: Es ist sehr wohl möglich, daß wir zunächst große Erfolge haben, wenn wir der Versuchung erliegen, ohne Gott zu handeln. Das beste Beispiel dafür bietet vielleicht die Lebenserscheinung, die wir unter dem Stichwort »Fanatismus« kennen. Die Aufforderung »fanatisch« zu leben und zu kämpfen, bedeutet ja, *so* zu leben und zu kämpfen, daß man nichts anderes mehr sieht als sein Ziel, daß man keinen Nebengedanken und keine Infragestellung seines Kampfes mehr an sich herankommen läßt, daß man darum zum Beispiel auch die Frage von sich fernhalten muß, ob dieser Kampf und dieses Ziel »gut« oder »böse« sei. Denn die Frage nach gut oder böse ist ja etwas, das meinen Einsatz sofort aufhalten könnte und mich mit Bedenklichkeit erfüllt, die der fanatischen Hemmungslosigkeit und Zielbewußtheit nach-

teilig sein könnten. Es ist nun ganz klar, und wir haben das ja auch sehr deutlich erlebt, daß dieser fanatische Einsatz im ersten Augenblick große Erfolge zu zeitigen vermag und daß er infolge seiner Hemmungs- und Bedenkenlosigkeit eine geschichtliche Durchschlagskraft besitzt, der so leicht nichts anderes zu vergleichen ist. Aber wir wissen als Christen, daß das »Unter-Gott-Sein« die einzige Garantie für den Bestand der Welt ist, und daß das Chaos seinen Rachen aufsperrt, wo diese Garantie nicht in Anspruch genommen wird. Der Versucher führt nicht nur von Gott weg, sondern nach einer kurzen Zwischenphase der Prosperity außerdem noch in den Abgrund. Auch hier sagt das letzte Buch der Bibel wieder das entscheidende Wort: Der Teufel muß fieberhaft arbeiten, weil er weiß, daß er »wenig Zeit« hat und daß die sehr kurzfristigen Darlehen, die er gibt, sehr bald von Gott gekündigt werden.

Jetzt begreifen wir ein wenig, wie es mit dem »gefährlichen Leben« wirklich steht: Wir sind von allen Seiten her angefochten und versucht von den großen *und* den kleinen Dingen in unserem Leben; wir sind gleichermaßen versucht von den Trieben *und* von den Idealen. Es gibt nichts, das der Versucher nicht zu benützen verstünde, um die Völker und um uns einzelne der Hand Gottes zu entreißen. Draußen und drinnen in unserem Herzen, hoch über unseren Häuptern, wo die Ideale wohnen, und unten in unserem Keller, wo die wilden Wölfe unserer Sinne hausen, überall wohnen die versuchlichen Mächte.
Darum ist das Leben gefährlich. Darum lehrt uns Gott durch sein Wort, diese Gefahren zu erkennen, weil die Größe einer Gefahr ja immer mit ihrer Heimlichkeit und Unbekanntheit wächst. Indem er um diese Bedeutung unseres Lebens weiß, spricht der Epheserbrief vom Glauben als einer Waffenrüstung und versteht er das Lebens des Jüngers als eine soldatische Existenz. Sein Leben ist Kampf gegen tödliche Gefahren und Verfolgungen.
Auch in dieser Beziehung hat Jesus uns nicht den Frieden ge-

bracht, sondern das Schwert. Auch in dieser Beziehung schickt er uns als Schafe mitten unter die Wölfe.
Aus dem gleichen Wissen heraus schuf Albrecht Dürer den berühmten Stich »Ritter, Tod und Teufel«. Denn auch auf diesem Bild sind sie alle da, die versuchlichen Mächte: nicht nur die Kröten und Salamander, die Repräsentanten der niedrigen Mächte und Instinkte, die ihn herabziehen wollen; nicht nur das Totengespenst, das ihm Angst einflößen will und durch sein Grauen den Glauben unterwühlen möchte, sondern auch das heimatliche Schloß im Hintergrund, also wieder »Gut, Ehr', Kind und Weib«, jenes Schloß, das der Inbegriff alles Geliebten und Trauten und Traulichen ist, an dem er vorüberreiten muß. Denn auch dieses Liebste ist jetzt, wo ihm der Kampf verordnet ist, eine große Gefahr, wenn es ihn im falschen Augenblick in seinen Frieden lockt und ihn zum Ausruhen und Freuen zieht, wo ihm der Kampf geboten ist.

Hier ergibt sich nun die entscheidende Frage, wie wir mit diesem gefährlichen und versucherischen Leben fertig werden, wie wir es, um mit den Worten des Jakobusbriefes zu sprechen, zu jenem »seligen Manne« bringen, der nach überstandener Versuchung die »Krone des Lebens« empfangen darf.
Zunächst ist es wichtig, bei dieser Frage auf die Botschaft zu achten, die uns Jesu hohepriesterliches Gebet (Joh. 17) vermittelt. »Ich bitte dich nicht, Vater, daß du die Meinen von der Welt nehmest, sondern daß du sie bewahrest vor dem Argen.« Mit anderen Worten, wir müssen also umlagert *bleiben* und werden nicht aus der Gefahr des Lebens befreit. Jesus läßt die Seinen vielmehr bitten: »Laß uns nichts zur Versuchung werden«, und gibt damit zu verstehen, daß ihnen eben *alles* zur Versuchung werden kann, ja, daß das Leben selber eine einzige Versuchung und Gefahr bildet.
So zu handeln und so zu lehren, gehört übrigens ganz zur Art Jesu, wie sie auch sonst in Erscheinung tritt: Er erspart uns das

Leid nicht, aber er ist an unserer Seite. Er befreit uns nicht von den Lasten des Lebens, aber er hilft sie uns tragen. Er kommandiert den Tod nicht einfach ab, sondern läßt ihn den letzten Feind bleiben, der nach uns greifen kann, aber er hilft uns beim Sterben, indem er uns nach dem schönen Wort des Matthias Claudius »die Hand unter den Kopf legt«; und wenn wir scheiden müssen, so scheidet er nicht von uns. Er erspart uns nicht die dunklen, mörderischen Täler, sondern er geht mit uns durch sie hindurch als der Hirte, der uns führt, als der Stecken und der Stab, der uns nicht straucheln läßt.

So macht er's auch mit den *Versuchungen:* Er läßt uns nicht auf eine Insel der Seligen, in eine anfechtungsfreie Zone emigrieren, sondern er hilft uns mitten in dieser mörderischen und von teuflischen Wegelagerern umlauerten Welt hindurch.

Wie tut er das?

Genauso wie Jesus dadurch, daß er Mensch wird, in unseren vordersten Graben kommt und an unserer Seite mit den feindlichen Mächten des Todes, des Leides, der Sünde kämpft, genauso reißt er uns auch umgekehrt in sein Leben hinein. Er steht nicht nur neben *uns,* sondern *wir* stehen auch neben *ihm.*

Und wo steht er denn? Er steht *in der Wüste allein,* und der Versucher ist vor ihm geflohen; die Engel aber müssen ihm dienen. Er steht in der *Hölle* – »niedergefahren zur Hölle« – und hat den Satan mit seinen dämonischen Geistern besiegt. Er steht zur *Rechten Gottes* in königlicher Souveränität; und weil er dort steht, müssen ihm auch die teuflischen Gewalten, die großen Widerspieler und Antichristen dienen und werden gegen ihren Willen zu Funktionären seiner Gnadenpläne.

Was kann der Versucher nun noch tun? Er muß jetzt einer Regie gehorchen, von der er selber keine Ahnung hat. Was bringt denn der Teufel jetzt anderes fertig, als den Knecht Hiob gerade in die Arme Gottes zu treiben, aus denen er ihn doch eben lösen wollte?! Was kann Nero und was konnten und können seine modernen Kollegen noch tun? Auch sie müssen die Gemeinde, statt sie zu vernichten, gerade im Läuterungsofen des Leidens zur letzten Reife zwingen. (Spüren wir das heute nicht alle? Ist die Gemeinde Jesu nicht in den vergangenen Jahren der Verfolgungen anders und reifer geworden? Haben sich unsere Pfunde nicht trotz aller Untreue in diesen Jahren vermehrt, so sehr vermehrt, daß wir zittern müssen, sie jetzt nicht zu vergraben und vor die Hunde gehen zu lassen?) Daß wir neben Jesus stehen, bedeutet, daß der Versucher nur noch bellen, aber nicht mehr beißen kann, daß er nur noch mit dem Schwanze schlägt, während sein Haupt schon zertreten ist (1. Mose 3, 15). Er ist *so* entmächtigt, daß uns nichts mehr von der Liebe Gottes scheiden kann, die in Christus Jesus ist, unsrem Herrn. Nichts darf uns von seiner Gemeinschaft scheiden, solange wir seine Hand halten. *Seine Hand!*

Hier verstehen wir, daß Jesus uns mit dem Versucher in der Weise bekannt macht, daß er uns gegen ihn *beten* läßt. Gegen ihn »handeln« kann man nämlich nicht. Wie sollten wir uns denn mit den Kräften unserer Seele und unseres Willens gegen ihn stellen können, wo er schon einen Brückenkopf in dieser Seele gebildet hat? Wir haben allen Grund, dieser zersetzten und unzuverlässigen Streitmacht unserer Seele zu mißtrauen. Das muß einem am Kampf Jesu gegen die Pharisäer deutlich werden. Denn die Pharisäer haben ja gerade einen groß angelegten und systematisch bis in die kleinsten Details ausgeklügelten Versuch unternommen, durch ihr ethisches Handeln Gott wohlgefällig zu sein und also gegen die Macht des Argen anzukämpfen. Unter der Hand aber wurde etwas ganz anderes daraus: der Versuch, mit Hilfe dieses Kampfes einen letzten, raffinierten und nach außen kaum noch in Erscheinung tretenden Egoismus zu züchten, der gerade mit Hilfe der guten Werke Ansprüche an Gott stellt und damit eben das tut, was der Teufel möchte, nämlich uns aus dem Verhältnis des Kindes zu lösen und uns zur Rolle des Gottkonkurrenten mit all seiner Anmaßung und seinem herrischen Trotz zu zwingen.

Wir haben eben nicht mit Fleisch und Blut zu kämpfen – dann

wäre es einfach! –, sondern mit »Mächtigen und Gewaltigen, nämlich mit den Herren der Welt, die in dieser Finsternis herrschen ...« (Eph. 6, 12). Und hier muß jeder menschliche Arm versagen.

Deshalb verweist uns Jesus in der Begegnung mit dem Versucher auf das *Gebet* und läßt uns damit den Kontakt mit dem Vater als das vornehmste Mittel erscheinen, dem Versucher Paroli zu bieten. Nur die Hand Gottes, die wir halten, kann dem Zugriff des Teufels wehren. Wir selber sind viel zu zersetzt, als daß der Versucher nicht Möglichkeiten fände, sich durch die Hintertüre in unser Herz zu schleichen, während es in ehrlich gemeintem Ethos und mit echtem Idealismus nach vorne blickt und zu tapferem Kämpfen auszieht.

Solange wir im Kraftfeld unsres Herrn stehen, darf uns keine Gewalt zu nahe kommen. Der Treubund, den der Herr mit den Seinen eingegangen ist, darf durch niemanden und nichts angetastet werden. Er hat uns versprochen, in der Versuchung bei uns zu sein, und selbst dem, der unterlegen ist, geht er noch nach und richtet ihn auf.

So ist Jesus auch hier wieder ganz positiv: Der Ritter macht trotz Tod und Teufel keinerlei Anstalten, seine Waffen gegen die Unholde zu erheben, die an seinem Wege lauern. Wollte er sich mit jedem Strolch, mit jedem Trieb, mit jedem »Schweinehund«, der in ihm rumort, und mit den bösen Buben, die an seinem Wege lauern, herumschlagen, so käme er in ein Handgemenge, das ihn nicht vom Fleck kommen ließe. Er reitet statt dessen geradeaus und läßt sich nicht von den Verführungsmächten das Gesetz seines Handelns vorschreiben. Er sieht in der Ferne gewiß seinen Herrn, der ihm ermutigend zuwinkt und sich zu seinem Empfang rüstet. Solange er *ihn* ins Auge faßt, kann ihn das Geschmeiß an seinem Wege nicht irritieren.

Das ist das »Positive« im Christenleben: Wir schlagen uns nicht mit den dämonischen Mächten herum, sondern blicken auf unsern

Herrn. *Der schafft das übrige.* Und alles, was uns überwältigen will, ist dann geheimnisvoll gebannt.
Ein kleines Erlebnis als Illustration:
Ich hörte von einem jungen Mann, der von Leben und Leidenschaft strotzte und es entsprechend schwer mit den Versuchungen seines Körpers hatte. Er führte einen tapferen Kampf dagegen und bekämpfte die wilden Bilder seiner Phantasie. Er unterdrückte seine Triebe, weil er sauber bleiben wollte. Er *betete* auch gegen diesen Trieb. Aber gerade weil er sich so viel damit abgab (wenn auch in Kampf und Abwehr), vermengte er sich immer mehr damit, und so konnte es denn nicht ausbleiben, daß er in manchen Augenblicken der Übergewalt erlag. Aber er war ein Christ, und eines Tages betete er nicht mehr: »Herr, hilf mir gegen die Versuchung, hilf mir gegen meinen Trieb«, sondern da wagte er zu sagen: »Herr, ich danke dir, daß du diese großen Kräfte deiner Schöpfung in mich gelegt hast. Hilf mir, daß ich sie zu deiner Ehre gebrauche« – und mit einem Schlage war der Bann gebrochen.
Hier erkennt man, wie positiv Jesus uns haben will. Zugespitzt ausgedrückt könnte man sagen: *Wir sollen nicht gegen die Versuchung kämpfen;* dadurch reiten wir uns nur tiefer hinein. *Sondern wir sollen* wie der Ritter trotz Tod und Teufel *auf unsern Herrn blicken,* »aufsehen auf Jesus«, dann kommen wir daran vorbei – wie die Träumenden, wie die Siegenden. Wer auf den König sieht, wer also dieses enorm »Positive« tut, dem wird alles andere, auch die Überwindung der Versuchung »zufallen«.
Wir können Jesus gar nicht genug zutrauen und uns selber gar nicht wenig genug zutrauen.
Wenn wir deshalb bitten: »Führe uns nicht in Versuchung«, sollen wir bedenken, daß Jesus selbst es ist, der uns die Bitte lehrt und damit die Verantwortung übernimmt dafür, daß sie erhört wird. Es ist erstaunlich und überwältigend, wie er dem hilft, der auf ihn hin wirklich einmal »Gut, Ehr', Kind und Weib« aufs Spiel setzt. Ihr könnt sie alle einmal fragen – und es sind ja nicht

wenige, die das in den letzten Jahren getan haben –: keiner von ihnen ist enttäuscht worden. Gott läßt sich nicht »lumpen«.

Und derweil er die Bitte erhört, geschieht noch viel mehr als bloße Erhörung: Er steht zugleich neben uns, wenn wir durch das Feuer der Anfechtung müssen; denn »wir haben nicht einen Hohenpriester, der nicht könnte mit leiden mit unserer Schwachheit, sondern der versucht ist allenthalben gleichwie wir, doch ohne Sünde« (Hebr. 4, 15). Er ist nicht nur der Herr, der erhört, sondern auch der Bruder, der mitträgt.

Er ist das Ziel, das wir erstreben, *und* der Kamerad, der neben uns auf dem Wege ist.

Er ist der, der den Getreuen mit der Krone erwartet, *und* zugleich der, der ihn durch alle Feuer und Schluchten zu ihr geleitet.

Was ist der Sinn unseres Lebens? Daß wir diesen Einen nicht verfehlen, der uns von der andern Seite entgegenkommt und dem nichts lieber wäre, als allen, die wir verrußt und beschmutzt, oft gefallen und immer gnädig aufgerichtet, aus großer Trübsal und wilder Anfechtung kommen, entgegenzugehen mit dem Gruß des Herrn an seinen getreuen Knecht:

Wohl dir, du Kind der Treue!
Du hast und trägst davon
Mit Ruhm und Dankgeschreie
den Sieg und Ehrenkron.
Gott gibt dir selbst die Palmen
In deine rechte Hand,
Und du singst Freudenpsalmen
dem, der dein Leid gewandt.

ERLÖSE UNS VON DEM BÖSEN

ZWEITER TEIL

Da ward Jesus vom Geist in die Wüste geführt, auf dass er vom Teufel versucht würde.
Und da er vierzig Tage und vierzig Nächte gefastet hatte, hungerte ihn.
Und der Versucher trat zu ihm und sprach: Bist du Gottes Sohn, so sprich, daß diese Steine Brot werden.
Und er antwortete und sprach: Es steht geschrieben (5. Mose 8, 3): »Der Mensch lebt nicht vom Brot allein, sondern von einem jeglichen Wort, das durch den Mund Gottes geht.«
Da führte ihn der Teufel mit sich in die heilige Stadt und stellte

ihn auf die Zinne des Tempels und sprach zu ihm: Bist du Gottes Sohn, so wirf dich hinab; denn es steht geschrieben (Psalm 91, 11.12): »Er wird seinen Engeln über dir Befehl tun, und sie werden dich auf den Händen tragen, auf daß du deinen Fuß nicht an einen Stein stoßest.«
Da sprach Jesus zu ihm: Wiederum steht auch geschrieben (5. Mose 6, 16): »Du sollst Gott, deinen Herrn, nicht versuchen.«
Wiederum führte ihn der Teufel mit sich auf einen sehr hohen Berg und zeigte ihm alle Reiche der Welt und ihre Herrlichkeit und sprach zu ihm: Das alles will ich dir geben, so du niederfällst und mich anbetest.
Da sprach Jesus zu ihm: Hebe dich weg von mir, Satan, denn es steht geschrieben (5. Mose 6, 13): »Du sollst anbeten Gott, deinen Herrn, und ihm allein dienen.«
Da verließ ihn der Teufel. Und siehe, da traten die Engel zu ihm und dienten ihm. MATTHÄUS 4, 1–11

Wörtlich übersetzt heißt diese Bitte: »Erlöse uns von dem *Argen.*« Und hierbei geht es wiederum nicht um »das« Arge, also um das Schlechte, Unvollkommene, Leidvolle, vielleicht sogar Dämonische, sondern es geht um »den« Argen. Es geht also um eine *persönliche* Größe. Es geht um nichts Geringeres und nichts Merkwürdigeres als – den Teufel. Von dessen Zwingherrschaft möge uns der Vater befreien. Das lehrt uns Jesus zu bitten.
Auch die Bitte »Führe uns nicht in Versuchung« wies schon andeutend darauf hin. Denn wir sahen bei unserer letzten Betrachtung, wie hinter aller Gefährlichkeit unseres Lebens und hinter allen dunklen Bedrohungen, die es umschatten, eine rätselhafte bannende, hintergründige Gestalt am Werke ist. Hinter den Versuchungen steht *der* Versucher, hinter der Lüge steht *der* Lügner, und hinter allem Töten und Blutvergießen steht *der* Mörder von Anbeginn.
Vor einigen Jahrzehnten würde mancher Prediger, der von dieser

Gestalt zu reden gehabt hätte, vermutlich damit begonnen haben, sich auf eine mehr oder weniger dezente Art zu entschuldigen, daß er als moderner und gebildeter Mensch wage, das Wort »Teufel« überhaupt in den Mund zu nehmen. Und er hätte vermutlich einige Mühe darauf verwendet, seine Hörer zu überzeugen, daß sich das Mittelalter bei seinen Teufelsvorstellungen doch einiges ganz Vernünftige gedacht hätte – natürlich in sehr »zeitbedingten« und allzu »realistischen« Vorstellungen, die wir so nicht mehr mitmachen könnten ... Der Prediger wäre vielleicht fortgefahren: Wir heutigen Menschen müßten eben diese drastischen Bilder der mittelalterlichen Phantasie (daß es wirklich einen persönlichen Teufel gäbe) so lange in den Tiegeln unseres modernen Bildungsverstandes umschmelzen und in allerhand philosophischen Retorten so lange destillieren, bis wir den Teufel mit den grünen Augen, mit dem Pferdefuß und dem Schwefelgestank verwandelt hätten in eine vergeistigte »Idee des Bösen«, und die könne man dem heutigen Menschen noch zumuten.

Liebe Zuhörer! Wir sind in unserer Zeit viel zu sehr mit dämonischen Mächten in Berührung gekommen, wir haben viel zu deutlich gespürt und gesehen, wie Menschen und ganze Bewegungen verführt und gesteuert wurden von geheimnisvollen, abgründigen Mächten – dorthin, wohin sie selber nicht wollten –; wir haben allzu oft beobachtet, wie ein fremder Geist in manche Menschen fahren und sie (die vorher vielleicht ganz nett und vernünftig waren) bis in die Substanz hinein verwandeln konnte, wie er sie zu Grausamkeiten, Machträuschen und Wahnsinnsausbrüchen zu bringen vermochte, deren sie vorher niemals fähig zu sein schienen; wir sahen außerdem, wie sich von Jahr zu Jahr mehr eine Atmosphäre der Vergiftung um unseren Erdball legte, wie wirklich etwas spürbar wurde von den bösen Geistern in der Luft, und wie eine unsichtbare Hand einen unsichtbaren Taumelkelch von Volk zu Volk reichte und die Nationen bis in die Tiefe verwirrte; ich sage: wir haben das alles viel zu sehr gesehen, wir sind viel zu sehr von alledem erschreckt worden, als daß ich euer und mein Gehirn erst präparieren müßte, damit es, ohne sich zu genieren, die Frage nach dem Teufel überhaupt zu stellen wagt. Die Übergewalt und der Starkstrom dieser Erlebnisse sind so stark, daß sie alle Sicherungen unseres Intellektes – die wir so gern und geschickt einbauen, um uns jene dunklen Mächte vom Halse zu halten – einfach durchschlagen.

So lassen wir die Frage, ob es einen Teufel gebe, dahingestellt und fragen lieber gleich, wer er ist, um dann sein biblisches Porträt mit dem zu vergleichen, was uns in unserer apokalyptischen Zeit entgegentritt. Vielleicht ist es gar nicht so schwer, die beiden Bilder zur Deckung zu bringen.

Warum ist eigentlich der Versucher so gefährlich? Denn wäre er nicht mit der höchsten Gefahr gleichsam beladen, so würde uns Jesus gewiß nicht darum zu beten lehren, daß wir von ihm erlöst werden. Dann wäre er vermutlich auch selber nicht gegen ihn angetreten und hätte nicht sein ganzes Erdenleben hindurch gegen diese unsichtbare Front kämpfen müssen. Ich würde auf diese Frage, warum die dämonische Macht so gefährlich ist, zunächst ganz einfach antworten: Sie ist darum so gefährlich, weil man sie nicht erkennen kann, und weil sie eben nicht jenen charakteristischen »Pferdefuß« besitzt, an dem man sie erkennen könnte. Hätte sie einen Paß, so stünde in der Spalte »Besondere Kennzeichen« zweifellos: »Keine«. Der Teufel ist ein Meister der Tarnung, und eine wichtige Spezialität seiner Taktik besteht darin, daß er sich hinter positiven Werten und Idealen versteckt.

Das kann uns schon deutlich werden an einem ganz alltäglichen Beispiel, nämlich dem der *Verführung*. Wenn ein Verführer einen anderen Menschen in seinen Bann zwingen will, so fängt er das zweifellos nicht so an, daß er ihm sagt: »Komm, ich will dich etwas Böses lehren; ich will dir eine Sünde zeigen.« Würde er sein Verführungswerk so töricht beginnen, dann erlitte unser Gewissen zweifellos eine Art Schockwirkung. Es würde dann moralisch zurückzucken und der Verführung zu entgehen suchen.

Aber so dumm fängt es ein Verführer auch niemals an, sondern er wird versuchen, seinem Opfer auf jeden Fall vorzuspiegeln, daß er es zu positiven und bedeutsamen Zielen führen wolle. Und so sagt er denn: »Komm, ich will dich etwas Interessantes lehren, etwas Lustvolles, etwas, das dich mit herrlichen Schauern durchbebt und dich das Größte erleben läßt, dessen du fähig bist.« Das klassische Beispiel für diese Technik der Verführung ist das, was uns bei Jesu Versuchung in der Wüste vorgeführt wird.

Wenn ich jetzt einiges darüber sage, und wenn wir dabei auch in dunkle Abgründe blicken müssen, so wollen wir doch von Anfang an den entscheidenden Trostgedanken dabei festhalten:

An der gefährlichsten Stelle unseres Lebens, dort nämlich, wo wir auf Gedeih und Verderb mit dem Versucher kämpfen müssen, da hat Jesus *auch* gestanden, da steht er *neben* uns. Auch *sein* Herz ist erschauert unter den großartigen Gaukelspielen, mit denen der Versucher ihn betören wollte. Denn wie gesagt: Was der Versucher tut, hat immer Format. Es entbehrt nicht der großartigen Perspektiven und des idealistischen Anstrichs. Aber wer den Herrn bei sich hat, jenen Herrn, der »versucht ist gleichwie wir« und der neben uns im Glied steht, wer ihn bei sich hat, gegen den der Zauber des Versuchers nichts auszurichten vermochte, – dessen Glaube wirkt nun wie eine Art Wünschelrute, mit der er die Geister zu scheiden vermag und die sofort ausschlägt, wenn der Versucher sich unter irgendeiner noch so täuschenden Maske zeigt, ganz gleichgültig, ob er sich als nationalen Idealismus tarnt oder als demokratische Weltbeglückungsordnung, ob er die Bibel in der Hand hat und vom Öle frommer Sprüche trieft oder ob er mit den Lehrsätzen einer sehr plausibel aussehenden und scheinbar gesunden Weltanschauung operiert. Der Herr, der in der Wüste stand, geht den Seinen nicht von der Seite, wenn die Stunde der Versuchung über sie hereinbricht.

Jesus ist Sieger! Vielmehr: Er *hat* schon gesiegt, und alles, was wir zu kämpfen und zu bestehen haben, das hat nur den Cha-

rakter von Nachhutgefechten und von Säuberungsaktionen, die sämtlich schon im Zeichen jenes Sieges stehen, den der Herr für uns alle in der Wüste errungen hat.
Mit wie positiven und bestechenden Mitteln arbeitet der Versucher doch! Um das zu verstehen, brauchen wir nur an die *dritte Versuchung* zu denken, in der Jesus vom Teufel auf einen sehr hohen Berg geführt wird und wo alle Reiche und Länder in ihrer Herrlichkeit vor ihm ausgebreitet liegen: »Das alles will ich dir geben . . .!«
Ist das nicht eine berauschende Perspektive? Denn indem der Teufel ihm die Weltreiche anbietet, appelliert er ja keineswegs nur an die inferioren Triebe, etwa an den niedrigen Befriedigungsdurst des Ehrgeizes, der sich Einflußzonen über Einflußzonen sichern möchte, oder an den brutalen Machttrieb, der zu herrschen begehrt. Nein, mit diesem Angebot wendet er sich gleichsam an den »Idealismus« Jesu und an die höchste Bereitschaft seiner Seele; denn wenn Jesus zum Souverän der Welt erhoben wird, scheint sich für ihn doch die berauschende Möglichkeit zu ergeben, seine Macht zur Ehre Gottes zu gebrauchen und das gewaltige Werk einer methodisch betriebenen und alle Chancen ausnutzenden »Christianisierung der Welt« zu betreiben. Und muß nicht ein Menschenherz, muß nicht sogar das Herz des Gottessohnes unter der Größe dieser Idee erbeben? Denn wenn das so wäre, wenn also der Erdkreis »mit Macht« dem Christentum zugeführt würde, dann brauchten die Jünger nicht mehr das beklemmende Gefühl zu haben, daß sie so wehrlos und preisgegeben sind und daß die Weltgeschichte über sie hinweggeht, ohne ihnen Beachtung zu schenken. Sie würden dann aufhören, »nur« die Stillen im Lande zu sein, an denen der laute Strom der weltgeschichtlichen Ereignisse achtlos vorüberhastet. Sie brauchten dann nicht mehr in der beklemmenden Verlegenheit zu sein, ihren Herrn nicht beweisen zu können, wenn sie nach ihm gefragt werden. Sie brauchten in schrecklichen Katastrophenzeiten, wo der Zweifel an Gott sich gespenstisch erhebt,

nicht mehr errötend zu verstummen vor der hämischen Frage der Gottlosen: »Wo ist nun dein Gott?«
Das alles wäre mit einem Schlage anders, wenn – ja wenn Jesus der Souverän der Welt wäre, wenn ihm eine Wehrmacht, wenn ihm Fahnen und sichtbare Hoheitszeichen zur Verfügung ständen. Dann müßten auch die wüstesten Spötter verstummen und sich voller Respekt vor ihm beugen. Dann würde man ihn in jeder Verordnung, in jeder Uniform, in jeder Fahne gegenwärtig sehen und brauchte bei der Frage, ob es ihn denn gebe und ob er wohl ein mächtiger Souverän sei, nur auf alles dieses zu deuten.
Kein Missionar wäre mehr wehrlos den Menschenschlächtern fremder Küsten ausgeliefert, wenn – ja wenn Jesus der Souverän der Welt wäre.
Ist das nicht in der Tat eine große Idee, eine geradezu betörende Schau?

Oder wir denken an die *erste Versuchung*, in welcher der Teufel den Herrn bewegen will, Brot aus den Steinen zu machen. Hier sieht sich Jesus auf einmal vor die ungeheure Möglichkeit gestellt: *Ich* könnte den Menschen Brot geben! Ich könnte also diesen unerhörten Akt der Nächstenliebe vollziehen, daß ich die Hungrigen speise. Das allein schon müßte ein außerordentlich packender und gewinnender Gesichtspunkt sein. Der Zauber dieses teuflischen Angebots wird aber bei näherem Zusehen nur noch größer. Denn die Fragen des Brotmachens blieben ja gar nicht auf den Leib beschränkt. Es ginge dabei noch um unendlich viel mehr. Die Stillung des Hungers würde sofort die gewaltigsten *geistigen* Konsequenzen nach sich ziehen: Hat man die Menschen, hat man den *Geist* der Menschen nicht in der Hand, wenn man ihr Brot in der Hand hat? Wes Brot ich eß, des Lied ich sing! Alle, die herrschen wollen, und zwar gerade über die Seelen herrschen wollen, müssen deshalb zuerst die Brotfrage in ihre Hand bekommen. Wenn die Menschen Nahrung und Kleider haben und wenn sie nicht zu frieren brauchen, dann »machen sie schon mit«,

dann gehen sie schon über viele Gewissensskrupel hinweg, dann schwören sie mit relativ leichtem Herzen einem alten Glauben ab und finden neue Götter ziemlich unbedenklich. Mit vollem Magen unterschreibt man gerne Blankovollmachten für seinen Brotgeber. Es gibt wohl viele Hungerrevolten in der Geschichte, viel seltener aber Überzeugungsrevolten. Die Magenfrage ist wirklich einer der Schlüssel der Weltgeschichte. Das alles gibt der Versucher dem Herrn zu verstehen. Und ist das nicht wieder eine große Idee: Wenn ich die Menschen dadurch, daß ich sie füttere, an mich binden und mein Liedlein singen lassen kann, dann kann ich sie ja auf diese Weise auch an *Gott* zu binden versuchen. Wenn sie mit nüchternem Magen einen Choral bigott finden, ihn aber nach einem guten Frühstück ihrem Gastgeber zulieb gern singen – nun, dann sorge ich eben »um *Gottes* willen« für das gute Frühstück und für den Magen.
Hat also die richtige Lösung der Magenfrage nicht eine enorme Bedeutung für das Reich Gottes und seine Verbreitung?
Die betörenden Fragen, die der Versucher gleichsam wie ein süßes Gift in die Seele Jesu träufeln möchte, gehen noch weiter. Muß Jesus sich unter dem Eindruck des teuflischen Angebots nicht ganz einfach folgendes sagen und fragen: Viele werden mir untreu werden (so möchte der Teufel dem Herrn suggerieren), viele werden mir untreu werden, einfach weil sie fürchten – und zwar mit Recht fürchten –, um Amt und Brot zu kommen, wenn sie mir nachfolgen. Das Bekenntnis zu mir kann sie teuer zu stehen kommen. Viele werden darum diesem Bekenntnis aus dem Wege gehen oder es über Bord werfen, wenn es damit brenzlig wird. In dem Augenblick aber, wo ich ihnen Brot gebe, ist dieses Dilemma ja gelöst, dann ist der Konflikt zwischen Gott auf der einen und »Gut, Ehr', Kind und Weib« auf der andern Seite plötzlich verschwunden. Dann ist der christliche Glaube risikolos und populär geworden. Könnte ich damit nicht Millionen Anhänger, die einfach vor mir zurückschrecken, solange ich nur der unsichtbare und scheinbar so ohnmächtige Herr bin, zu meinen

treuesten Gefolgsleuten machen? Muß ich also nicht um Gottes und um dieser vielen Millionen willen Brot zu vergeben haben? Muß ich nicht das Wagnis des Glaubens eindämmen? Muß ich nicht meine Nachfolge zu einer lohnenden und nahrhaften Sache machen? Was soll denn sonst aus der großen Masse werden, die nun einmal nach Brot und Spielen läuft? Ist es nicht ein Gebot der Liebe, ist es nicht gleichsam »Barmherzigkeit in großem Stil«, wenn ich das Reich Gottes mit dem Brotkorb zusammenkoppele und meine Anhänger nahrhaft entlohne?
Und so ergibt sich wieder die Frage: Ist die Idee des Teufels nicht eine große Sache, die eine Lösung für die tiefsten Konflikte des Menschenlebens bedeuten könnte?

Auch die *zweite Versuchung*, daß Jesus von der Zinne des Tempels springen solle – natürlich am Sabbat, wenn eine große Menge versammelt ist, die das staunend bewundern muß –, auch diese zweite Versuchung hat eine verlockende Größe; denn sie bedeutet ja nichts anderes, als daß der Versucher den Gottessohn auffordert, »Propaganda« zu machen. Er gibt ihm ganz einfach folgendes zu verstehen: Du fängst es ganz unsinnig an, Jesus von Nazareth, wenn du die Menschen durch deine Predigt, durch deine Seelsorge und deine persönlichen Begegnungen gewinnen willst und sie zur Entscheidung rufst. Die meisten Menschen haben ja gar nicht die Reife, sich mit solchen persönlichen Fragen auseinanderzusetzen!
Kennst du die Menschen so schlecht, Jesus von Nazareth, daß du auf ihrem Gewissen herumreitest? Sieh sie dir doch an: Die meisten von ihnen sind doch willenlose und auch ziemlich gewissenlose Exemplare der großen Masse, die einfach mitschwimmen und von jedem Wind bewegt werden. Sie sind rein sinnliche Wesen, die nicht durch Gedanken, sondern durch Eindrücke bewegt werden. Wirf doch nur einen Blick in ein Varieté, Jesus von Nazareth! Da sind sie alle beieinander als Zuschauer: die Toren und die Intelligenten, Charakterköpfe und Lumpen. Und sie alle mit-

einander sehen gebannt auf die Bühne, auf der die Artisten ihre Tricks vollbringen. Ihr Herzschlag stockt, wenn der Todessprung erfolgt, und sie jubeln in einem einzigen Schrei auf, wenn die Spannung der Nerven nach dem Gelingen des Tricks nachläßt. Sieh sie dir an, Jesus von Nazareth: an diesen Nerven mußt du sie packen, denn die haben sie alle, und mit denen reagieren sie sofort. Aber sei dir doch klar darüber, Jesus von Nazareth: Das Gewissen ist für die große Masse ein völliges Nebenorgan. Die meisten Menschen leben doch gar nicht aus dem Gewissen, sie leben nicht aus Verantwortung und persönlicher Entscheidung, sondern sie leben aus ihren Nerven, aus ihren Eindrücken und aus dem großen Herdentrieb! Willst du die Welt gewinnen (auch dann, wenn du sie *für Gott* gewinnen willst), so mußt du ihrer primitiven Sinnlichkeit und ihrem Bedürfnis nach Nervenkitzeln genügen. Kannst du ihnen da imponieren, so laufen sie dir nach und glauben dir auch das andere und Höhere *mit*, was du ihnen sagst. Und sieh mal, Jesus von Nazareth, was du ihnen sagst, ist doch etwas Gutes (sagt der Teufel!). Du willst sie doch zu deinem Vater führen. Warum sollst du nicht ihre Herzen durch jenen Propagandaappell an ihre Sinne bereit machen, daß sie dann auch dein höheres Wort als »Erlöser« vernehmen und in sich aufnehmen können?

Wahrhaftig, auch dieser Gedanke entbehrt nicht der Größe. Er könnte die Sendung Jesu auf eine ganz neue und ungleich erfolgversprechendere Basis stellen.

Ich fasse zusammen: Alles, was der Teufel sagt, ist enorm positiv. Es geht um großzügigste Ziele von einfach verblüffender Überzeugungskraft.

Und doch sind diese Ideale und großen Perspektiven nur ein trügerischer Deckmantel über – nun tatsächlich über einem Pferdefuß, nämlich über der Tatsache, daß mit all dem doch nur dem Teufel gedient würde: »So du niederfällst und mich anbetest!«

Wieso?

Um das zu verstehen, denken wir wieder an die letzte Versuchung, denken wir noch einmal an den Augenblick, wo der Teufel dem Herrn Christus alle Reiche und Länder der Welt anbietet. Eine Ahnung, was dieser Augenblick für Chancen und Versuchungen in sich enthält, haben wir in dem hinter uns liegenden christlichen Jahrtausend wahrhaftig gespürt. Denn dieses Jahrtausend, das jetzt zu Ende geht, ist das konstantinische Zeitalter der Kirche. Es bot die berauschende Möglichkeit, daß das Christentum eine feste Verbindung mit der Öffentlichkeit, vor allem mit dem Staat, eingeht. Man braucht nur an das Stichwort »Thron und Altar« zu denken, um das zu verstehen: die Schulen waren gleichsam automatisch christliche Schulen; die Presse stand der Kirche großenteils zur Verfügung; die Zünfte hatten in der Kirche ihre festen Plätze, wie das die Nürnberger Lorenzkirche besonders eindrücklich zeigt. Gab diese feste Verbindung von Kirche und Staat, von Gemeinde und Öffentlichkeit nicht eine ungeheure Möglichkeit zur christlichen Durchdringung aller Lebensgebiete? Drückte sich darin nicht der Herrschaftsanspruch des Christus über alle Bereiche des menschlichen Lebens eindrucksvoll aus?

Aber wir haben nun gesehen, wie dieses Pauschalchristentum der großen Masse und der christlichen Taufscheinbesitzer nach 1933 einfach zusammenbrach, weil es zu einer christlichen Fassade des öffentlichen Lebens geführt hatte, hinter der schon seit langem die Götter und Mythen eines heidnischen und atheistischen Zeitalters geisterten, Götter und Mythen, die alle nur auf den Augenblick lauerten, wo sie diese Fassaden umstoßen und ihre offene Herrschaft proklamieren konnten.

Und haben sie das nun nicht auch eindrucksvoll und konsequent genug getan? Konnten wir nicht alle miteinander baß erstaunt sein, was in unserem namenchristlichen Volk, in unserem fassadenchristlichen Volk sich auf einmal an Heidentümern und an Neuheidentümern erhob? Hätten wir es je für möglich gehalten, daß sich inmitten eines Volkes, dessen Glieder doch fast alle getauft, konfirmiert oder sonstwie in christlichem Einfluß erzogen waren, im Berliner Sportpalast und den größten Sälen aller Städte Hunderttausende sammelten, die der deutschen Glaubensbewegung oder anderen Ideologien des Heidentums zujubelten? War es tatsächlich möglich gewesen, daß sich das alles hinter der eindrucksvollen Fassade eines »christlichen Volkes« vorbereitet hatte?

Gott hat seine Gemeinde aus der selbstverständlichen Öffentlichkeit des konstantinischen Zeitalters jählings und hundertprozentig herausgeführt. Er hat der Kirche die Reiche dieser Welt und ihre Herrlichkeit genommen. Er hat sie ins Ghetto ihrer Kirchenmauern und zum Teil in die Katakomben zurücktreiben lassen. Und in diesen Räumen der kleinen Dinge hat sich dann mit Gottes Beistand ein Reifeprozeß vollzogen, der die Kirche ganz neu zur Substanz ihrer Botschaft und zu den biblischen Fundamenten zurückfinden ließ. Gerade darin, daß Gott der Kirche die Öffentlichkeit nahm, hat sich seine Gnadenführung bewährt, die den Weizen von der verwirrenden Spreu schied, die den Dschungel des sogenannten »Christentums« bis auf die paar ragenden Bäume »Schrift und Bekenntnis« ausrodete und den »heiligen Rest« wieder zur Erscheinung brachte und seine Kirche maßgeblich tragen ließ.

Nicht als ob dieses Ghetto das Ideal wäre und als ob die Kirche in ihren Mauern eingeschlossen sein sollte, um auf die Welt zu verzichten! So möchte ich niemals verstanden werden! Aber es ist ein Unterschied, ob die Welt einfach durch höheres Kommando mit christlichen Etiketten beklebt und von christlichen Fassaden umstellt und so das Potemkinsche Dorf einer öffentlichen Scheinchristlichkeit errichtet wird, oder ob eine im Ghetto und in den Katakomben gereifte Kirche, ob der im Feuer des Leidens bewährte und angefochtene »heilige Rest« dann (erst dann!) aus diesen Mauern hervorbricht und draußen in Vollmacht die Herrschaft des Christus auch über die Welt proklamiert. Nur so hat Jesus den Taufbefehl verstanden, wenn er befiehlt, daß die Jünger im Namen ihres Herrn, dem alle Gewalt gegeben ist, hinausgehen sollen in die Welt.

Die andere Versuchung, nämlich mit Hilfe des Brotes, mit Hilfe der Herrschaft über die Futterkrippen Macht auszuüben, das ist vielleicht heute die Gefahr der Gemeinde Jesu. Denn wir stehen doch vor der Tatsache, daß die Kirche als einer der ganz wenigen Vertrauensfaktoren aus der vergangenen Zeit übriggeblieben ist und die große Sintflut überdauert hat. Diese Tatsache hat ihre Größe, aber auch ihre Gefahr. Die Gemeinde Jesu und ihre Bischöfe werden jetzt in vielen öffentlichen Dingen, auch in politischen Zusammenhängen, um Rat und Hilfe angegangen. Die Gemeinde Jesu hätte die Möglichkeit – wenigstens für eine kurze Frist –, Macht auszuüben, sich einzuschalten, den langen Hebelarm zu bedienen und durch die mögliche Mitherrschaft über die Futterkrippen Menschen in den Umkreis ihres Einflusses zu bringen.

Wehe, wenn sie das täte! Wehe, wenn sie ihre Bestimmung, Menschen unter das Kreuz zu führen und in eine persönliche Lebensverbindung mit Jesus Christus zu bringen, mit den Mitteln der Macht und des Brotkorbes erreichen wollte! Wehe, wenn sie auch nur einem einzigen Menschen die Tatsache, daß er ihr Mitglied oder aber aus der Kirche ausgetreten ist, zum Vorteil oder Nachteil für seine Beförderung oder seinen Verdienst werden ließe! Dann hätten wir den roten und den braunen Terror bald mit dem schwarzen vertauscht. Und der schwarze Terror wäre der allerschlimmste. Denn während bei den anderen Formen des Terrors nur *Menschen* geschändet werden, so würde diese furchtbarste Art der Zwingherrschaft *das Kreuz selber* schänden, an dem der Herr Christus ohnmächtig für die Heimkehr der Welt gestorben ist.

Wehe, wenn die Gemeinde Jesu nicht unter diesem ohnmächtigen Kreuze stehenbleibt, wenn sie nicht bereit ist, öffentlich zu sagen – welchen Mächten und Gewalten gegenüber das auch nötig ist –, was als recht und was als unrecht zu gelten hat, mindestens so deutlich, wie sie das zum Teil jedenfalls unter den vergangenen Zwingherren auch getan hat!

Wehe, wenn sie nicht bereit wäre, ihren ganzen Einfluß eher preiszugeben, als die Wahrheit zu verleugnen und darauf gefaßt zu sein, wieder wie ein Schaf mitten unter den Wölfen zu sein, gleichgültig, welcher Nationalität diese Wölfe sind! Sie hat gar nichts anderes zu tun, als die Gebote Gottes zu predigen und den Gefangenen, daß sie frei sein, den Blinden, daß sie sehen sollen, und den Schuldbeladenen, daß das Kreuz von Golgatha für sie bereitsteht. Gott hat die Gemeinde Jesu nicht umsonst zwölf Jahre ins Leiden gestellt und damit auf eine Segenslinie geführt, die wir jetzt nicht verleugnen dürfen.

Es ist »menschlich, allzu menschlich«, daß jemand, der um Jesu willen im Konzentrationslager war oder – wie es mir selber gegangen ist – der abgesetzt wurde, Reise- und Redeverbot hatte und in jeder Weise gehemmt war, daß der jetzt endlich zum Zuge kommen möchte, daß er mit Volldampf fahren und ein wenig mit dem Gefühl der so lange vermißten »Macht« ausgestattet sein möchte, um das lange Ausgeschaltetsein wettzumachen.

Ich sage, das ist »menschlich, allzu menschlich«, und wir bemerken es ja auch schmerzlich, wie diese menschelnde Machtfreudigkeit hie und da jetzt in der Kirche ans Tageslicht drängt. Aber wir dürfen damit nichts zu schaffen haben. Dafür ist Jesus Christus nicht gestorben! Die Gemeinde Jesu hat weder Rache zu nehmen noch auf dem Richterstuhl zu sitzen, sondern sie hat eine *Mutter* zu sein für alle Mühseligen und Beladenen, für alle Irrenden und Geschändeten – und auch für die, welche ihre Mutter im letzten Jahrzehnt verlassen haben und in die Fremde dunkler Ideen gewandert sind. Sie hat also nicht nach den Großen und Mächtigen, nicht nach »Amerikanern« und »Engländern« auszuschauen, sondern sie hat die Gefangenen zu besuchen und denen das Evangelium zu predigen, die ihr nichts nützen können, weil sie keine Privilegien zu vergeben haben.

Jesus selbst hat ja *auch* die großen Chancen und Propagandaaugenblicke in seinem Leben bewußt verpaßt. Wenn er Gelegenheit hatte, vor großen Massen zu sprechen, und wenn ihm die wildesten Ovationen begeisterter Hörer zur Verfügung standen, dann ging er mitten durch sie hinweg und eilte in die Stille mit Gott oder neigte sich zu einem Kranken oder zu einem verwundeten Gewissen herab, dann ging er gerade zu den einzelnen, die ihn nicht zum König erheben konnten und die ohne jeden Einfluß waren. So hat auch die Gemeinde Jesu in der unpopulärsten Weise die Wahrheit und die Liebe Gottes zu bezeugen und sich zu denen zu halten, die ihrer Hilfe und ihres Trostes bedürfen. Wer war unpopulärer als ihr Meister? Der Knecht aber darf ja nicht über den Meister sein.

So hat denn Jesus die berauschenden Visionen und die schimmernden Perspektiven durchschaut, die der Teufel vor ihm beschwor. Er hat auf die Macht verzichtet – selbst auf diejenige Macht, die er für seine Zwecke, für die Christianisierung der Welt, hätte dienstbar machen können. Er wußte, daß seine Botschaft in der Substanz verändert und verfälscht würde, wenn die Heimkehr des Kindes zum Vater unter den gelindesten Druck gestellt würde. Dann müßte das Kind zum Knecht und der Vater zum Tyrannen werden.

So steht er denn von dem Orte auf, wo die Reiche der Welt ihm entgegenschimmerten, wo Kronen blinkten, Fahnen rauschten und Heerscharen begeisterter Menschen bereit waren, ihm zuzujubeln. So steht er von dem allem auf und geht still den Weg der Armut und des Leidens zum Kreuz.

Er geht jenen Weg, wo die Großen und Reichen dieser Welt ihn verachten werden, wo er aber der Bruder der Sünder, der Weggefährte der Gottverlassenen und Einsamen, der Schicksalsgenosse derer ist, die kein Dach über dem Kopf haben und die nicht wissen, wo sie ihr Haupt hinlegen, der Kamerad der Geschändeten und Beleidigten, zu denen er sich vom Schandpfahl des Kreuzes herniederneigt. – Zu diesen allen gesellt er sich, er, der eben noch die Welt hätte besitzen können.

Darum schließt die Geschichte damit, daß die Engel ihm dienten und daß also die Nähe des Vaters um ihn war. Die Engel werden immer um ihn sein, auch und gerade an den dunkelsten Stationen seiner Tiefenwanderung. Und auch in Gethsemane wird einer von ihnen kommen und ihn stärken.

Hat er sein Leben auf eine falsche Karte gesetzt, dieser Jesus von Nazareth? Hat er einen schlechten Tausch gemacht, wenn er in der Stunde der Versuchung die Nähe der Engel, die Nähe des Vaters den Reichen dieser Welt und ihren berauschenden Möglichkeiten vorzog? Hätte er die Reiche der Welt mit ihrer »Herrlichkeit« angenommen, so wäre er heute versunken und vergessen. Er wäre ein großer historischer König geworden, der vielleicht noch in den Geschichtsbüchern unserer Schulen verzeichnet wäre. Er wäre eine ehrwürdige Museumsangelegenheit geworden – *wenn* er damals den Pakt mit dem Teufel unterzeichnet hätte. Aber dadurch, daß er gelitten und im Leiden Gehorsam gelernt hat, ist er unser aller Bruder und König geworden, und darum gilt auch von uns: »Doch wer dies Kind mit Freuden umfangen, küssen will, muß vorher mit ihm leiden groß Pein und Marter viel.«

Er muß nicht nur den niederen Verführungsmächten absterben, dem Zauber und der Verlockung der Sinne und dem wilden Rausch der Vergeltung und des Ehrgeizes – denn wenn er davon verzaubert ist, kann er die »Stimme« nicht hören –, sondern auch *dem* muß er abzusterben bereit sein, was von den »idealen« Mächten, was von „Gut, Ehr', Kind und Weib« ihn besitzen möchte. Er steht auch den großen und beglückenden und heimeligen Dingen dieser Welt in einer letzten Distanz gegenüber, so wie wir das am Bildnis »Ritter, Tod und Teufel« gesehen haben. Und wahrlich, das alles ist keine Kleinigkeit, das alles tut weh, das alles ist »groß Pein und Marter viel« oder kann jedenfalls dazu werden. *Aber dafür dürfen wir ihn umfangen und werden die Nähe der Engel spüren.* Gott ist selig, und diese Seligkeit ist alles dieses wert. Und aus dem Beschenktsein und aus der Beschämung (auch in äußeren Dingen des Lebens) werden wir nie herauskommen, wenn wir in der Stunde der Versuchung den Weg des Kreuzes wählen, weil er der Weg des Meisters ist. Gott ist auf alle Fälle reicher, als der Teufel böse ist; und keiner, der ihm je nachfolgte, hat die große Pein und die Marter bereut.

Möge die Gemeinde Jesu die Stunde, in die sie jetzt gerufen ist, nicht verträumen. Sie steht vor großen Verheißungen und schrecklichen Versuchungen. Möge die Kirche eine Mutter sein, die sich tief zu den Verlorenen niederbeugt und sich schützend vor sie stellt; und möge sie nicht zur Kurtisane werden, die nach dem Glanz der Mächtigen schielt.
Möge sie ein tröstendes Mahnmal dessen sein, daß irgendwo in dieser Welt des Hasses und der Vergeltung doch geliebt wird, weil unbegreiflicherweise der Sohn Gottes für diese Welt gestorben ist. Und wenn sie Gericht predigen muß, wenn sie über ihr Volk das große Wehe rufen und die furchtbaren Zeichen der Zeit deuten muß, dann möge sie das nicht pharisäisch tun als eine, die selber keinen Teil hätte an der großen Schuld, sondern dann möge sie das wiederum tun wie eine Mutter, der ein Schwert dabei durch die eigene Seele geht, dann möge sie das tun wie Jesus Christus selbst, der den Gerichtsruf über Jerusalem ausstößt mit einer von Tränen fast erstickten Stimme.

DENN DEIN IST DAS REICH UND DIE KRAFT UND DIE HERRLICHKEIT IN EWIGKEIT AMEN

Da er aber gefragt ward von den Pharisäern: Wann kommt das Reich Gottes? antwortete er ihnen und sprach: Das Reich Gottes kommt nicht so, daß man's mit Augen sehen kann; man wird auch nicht sagen: Siehe hier! oder: da! Denn siehe, das Reich Gottes ist mitten unter euch.

Er sprach aber zu den Jüngern: Es wird die Zeit kommen, daß ihr werdet begehren, zu sehen einen der Tage des Menschensohnes, und werdet ihn nicht sehen. Und sie werden zu euch sagen: Sieh da! siehe hier! Gehet nicht hin und folget auch nicht. Denn wie der Blitz oben vom Himmel blitzt und leuchtet über alles, das unter dem Himmel ist, also wird des Menschen Sohn an seinem Tage sein. LUKAS 17, 20–24

Wir alle, die wir diese menschlich gesehen so ausweglose Zeit durchleben, tragen die Sehnsucht nach einem göttlichen *Zeichen* in uns. Wir schauen bewegten Herzens danach aus, ob irgendwo ein greifbarer Sinn sichtbar würde, in dem sich doch noch – allem Augenschein zum Trotz – die Spur eines göttlichen Weltregimentes zeigte. Wir sehnen uns, irgendeinem Menschen zu begegnen, in dem die Gegenwart des sonst so unsichtbaren Gottes spürbar wäre; wir suchen nach irgendeinem plausiblen Gedanken, der uns helfen könnte, das Rätsel unseres Weltgeschehens doch noch zu deuten und im Licht der Ewigkeit zu verstehen. So warten wir alle auf ein hoffnungsvolles Zeichen für die Zukunft, an dem sich ablesen ließe, daß dennoch eine große Gnade und nicht das versteinerte Antlitz der Sphinx über der Welt steht.
So beten wir denn das Vaterunser zu Ende, und indem wir so mit unserem Vater im Himmel reden, tun wir das gleichsam in der heimlichen Hoffnung und mit dem Nebengedanken, daß sich ein solches Zeichen, daß sich ein solcher Grund zeigen möchte, der uns beweist, daß dieses betende Reden nicht ins Leere hinein geschieht, wir also nicht sinnlos und vergeblich um das Kommen des Reiches Gottes, um das tägliche Brot, um die Bewahrung vor der Versuchung und die Vergebung unserer Schuld bitten.
Und nun auf einmal, am Schluß des Vaterunsers, da wird solch ein entscheidender Grund genannt, der allem vorher Erbetenen erst seinen Sinn gibt, da kommt auf einmal das Wörtchen »denn«, das alles Vorangegangene begründet: »Denn dein ist das Reich und die Kraft und die Herrlichkeit in Ewigkeit.« Damit ist doch offenbar dies gesagt: »Eben darum, weil dieses Reich in Kraft ist und weil du der Herr darin bist, darum hast du die Macht, uns zu hören. Darum bist du auch barmherzig, uns unser tägliches Brot zu geben und die Schuld zu erlassen.«

Gottlob – so denken wir wohl bei diesen Schlußsätzen des Vaterunsers –, daß wir diesen Grund haben, auf dem wir als Beter stehen dürfen: den Grund, daß Gott das Reich gehört und die Kraft und die Herrlichkeit.

Aber ist es denn wirklich ein Grund? Sagt Jesus nicht selbst: »Mein Reich ist nicht von dieser Welt«? Und sagt er das nicht ausgerechnet im kritischsten Augenblick seiner Erdengeschichte, nämlich vor Pontius Pilatus? In einem Augenblick also, wo das Reich Gottes alle Gelegenheit hätte, im Konkurrenzkampf mit den irdischen Mächten seine göttliche Überlegenheit zu beweisen? Wenn aber dieses Reich ausgerechnet in einem solchen Augenblick betonen muß, daß es »nicht von dieser Welt ist« und daß es gegenüber den sichtbar-brutalen Diesseitsmächten als »außer Konkurrenz« gelten will, ja um Gottes willen: wie sollen wir es denn dann überhaupt noch sehen?

Zergeht es uns nicht wieder zwischen den Händen, und hängt dann das Gebet des Herrn nicht doch wieder in der Luft?

Wenn dieses Reich so wenig von dieser Welt ist, daß sich nicht einmal Leute finden, die beim Gerichte des Pilatus schützend vor ihren Herrn treten – meinetwegen mit den weltlichen, allzu weltlichen Mitteln der Gewalt –, dann wird es in diesem Reiche auch kein Brot, dann wird es keine materiellen Existenzgrundlagen geben, dann wird auch kein handfester Schutz hier zu finden sein. Als ich einen christlichen Bauern sprach, dessen Tochter in seiner Gegenwart geschändet worden war, meinte ich in seinen Augen einen Moment lang diesen schrecklichen Zweifel zu erkennen, daß er und seine Familie, die doch Glieder dieses Gottesreiches sein wollten, im entscheidenden Augenblick unbeschützt blieben und den furchtbaren Mächten der Welt ausgeliefert waren.

Kommt also auch hier nicht wieder alles auf ein unkontrollierbares »Jenseits« heraus?

Indem wir diese bedrängende Frage stellen, stehen wir in einer Front mit den biblischen Menschen und Fragern. Es ist ja gar nicht so, daß erst wir Menschen des 20. Jahrhunderts an diesen

Fragen herumknackten und durch sie tödlich angefochten wären. Nein, auch die Menschen um Jesus selbst sind von dieser Frage gequält.

Auch sie kommen mit der leidenschaftlichen Anfrage zu Jesus von Nazareth: »Wann kommt das Reich Gottes und wo ist es? Bitte, gib uns konkrete, handfeste Tatsachen, wie das unter Männern üblich ist, die sich auf Tod und Leben zusammenschließen wollen. Was wir von jedem Geschäftsmann, überhaupt von jedem reellen Vertragspartner verlangen, das verlangen wir auch von dir, Jesus von Nazareth. Auf irgendeinen blauen Dunst von einem Reiche, das kein Mensch je gesehen hat, fallen wir nicht herein. Wir denken nicht daran, unser Leben an ein Phantom zu setzen: Entweder du bist ein Märchenprinz, dann wende dich an die Großmütter, damit sie Stoff zum Geschichtenerzählen kriegen, aber bitte nicht an uns. Oder du bist ein reeller und handfester Partner, an den man sich halten kann in all den höchst realen und praktischen und alltäglichen und dienstlichen Dingen, mit denen wir Männer es eben zu tun haben. Also bitte, Jesus von Nazareth: Wo ist denn dein Reich, wann kommt es?«

Jesus antwortet darauf sehr merkwürdig und sicher zunächst nicht zufriedenstellend: »Man wird auch nicht sagen: Siehe, hier! oder: da!« Warum antwortet er wohl gerade so? Will er etwa der peinlichen Zudringlichkeit jener Frage aus dem Wege gehen? Aber dann fährt er plötzlich und jäh zufahrend fort: »Das Reich Gottes ist mitten unter euch!« und das bedeutet doch: Das Reich Gottes ist da, wo ich bin.

Was mögen die Leute für ein Gesicht gemacht haben, als er das sagte?!

Die einen werden im Herzen geantwortet haben: Nun ja, ich sehe nichts »in unserer Mitte«, höchstens einen Mann, der in rätselhafter Weise Menschen an sich zu binden vermag und der zweifellos auf einige von ihnen einen guten und befreienden Einfluß besitzt. Das sieht man ja einfach. Vielleicht, daß es diesem Manne gelingt, einige Seelensaiten in diesen Leuten anzurühren, Saiten, die ich eben nicht auf dem Instrument meines Herzens habe. Vielleicht, daß es ihm in rätselhafter Weise gelingt, das seelische Potential dieser Menschen mobilzumachen, so daß sie meinen, er sei ihr Erlöser, während sie in Wirklichkeit nur von eigenen Kräften getragen sind und also einer optischen Täuschung erliegen.

Dieser Typ von Menschen, die nichts sehen, bildet den ständigen Begleiter Jesu und seiner Gemeinde. Er ist auch unter uns. Es handelt sich dabei um Leute, die in der Kirche gewisse religiöse Kräfte am Werke sehen oder auch gewisse soziale Gesetze der Gemeinschaftsbildung und gewisse geschichtliche Wirkungsweisen, die von diesem merkwürdigen Phänomen namens »christliche Kirche« ausgegangen sind. Aber sie sehen wahr und wahrhaftig nichts von der Realität eines Reiches Gottes. Auch Pontius Pilatus, der die Persönlichkeitswerte Jesu durchaus anerkannte, und die römischen Kaiser, die eine gewisse Ahnung von der gefährlichen Macht christlicher Gemeinschaftsbildung hatten, besaßen keinen Dunst von der Wirklichkeit dieses Gottesreiches, das in Jesus angebrochen war. Sonst hätten sie nicht verurteilt und hingerichtet, sondern angebetet.

Was soll also schon Jesu Wort bedeuten: »Das Reich Gottes ist da, wo ich bin?« Wer ist denn dieser »Ich« schon?! Sie schütteln unverstehend die Köpfe. Der Weg der Gemeinde Jesu ist von diesem Kopfschütteln begleitet und wird es auch bleiben bis an den Jüngsten Tag. Und oft genug sind es menschlich gesehen nicht die Schlechtesten, die diese Geste des Unverstehens vollziehen.

Aber daneben stehen nun die andern:

Die horchen auf, als Jesus sagt: »Das Reich Gottes ist mitten unter euch, so gewiß *ich* eben mitten unter euch stehe.« Diese andern haben vielleicht *auch* gemeint: Wenn man von einem Reiche redet, dann muß man auch klar umrissene Machtpositionen vorzeigen, dann muß man sich legitimieren und eindeutig sagen können: Siehe, hier! und siehe, da ist es!

Aber nun werden sie doch stutzig und greifen sich an die Stirn.

Man sieht zwar nichts, was man filmen könnte; aber was könnte *dahinter* stehen? Wer ist denn dieser Jesus, und was tut er, daß er sein eigenes Sein und Tun mit der Gegenwart des Reiches Gottes so unbegreiflich zusammensieht?
Sie sehen – indem sie das alles so denken und nun ihre Augen sehr angestrengt auf ihn richten –, wie er nicht nur erkrankte und verstümmelte Körper heilt, sondern wie er auch die Gewissen befreit. Sie sehen, wie alle Menschen ganz anders von ihm weggehen, als sie kurz vorher noch zu ihm gekommen sind. Sie sehen, wie er die Menschen nicht etwa auffordert, sich in hochgeistige Sphären hinaufzuschrauben oder komplizierte Andachtsübungen und überweltliche Entziehungskuren zu machen, damit sie Gott sehen könnten, sondern sie müssen voll Staunen den umgekehrten Prozeß beobachten: daß nämlich Jesus sich herabneigt zu den Niedrigen und Armen und daß er immer an den untersten Örtern der Welt zu finden ist. Offenbar will er mit alledem demonstrieren, daß auch sein Vater von dieser Art ist. Und in der Tat: der sandte seinen Sohn ja durch die Hintertüren der Welt, nämlich durch den Stall von Bethlehem, der schickte ihn in die Finsternis über dem Erdreich und ließ ihn die tiefsten Stationen menschlichen Leidens und Sterbens durchwandern. Wenn man Gott sehen will, darf man deshalb nicht, wie das manchmal auf kitschigen Gebetsdarstellungen zu sehen ist, die Augen in die Wolken erheben, sondern man muß herunterblikken. Gott ist immer in der Tiefe.
Und indem sie nun durch all dieses für sie so Ungewohnte (auch auf religiösem Gebiet Ungewohnte!) zum mindesten stutzig werden und sich plötzlich außerstande sehen, sich einfach auf dem Absatz herum- und hinwegzudrehen, erkennen sie noch mehr:
Daß sie unter seinen überweltlichen Augen auf einmal selber Menschen werden, die merken, wie sehr ihnen etwas fehlt, wie sehr sie zum Beispiel Menschen sind, die einen verfallenden und dem Tode verfallenen Körper haben, und die dringend jemanden brauchen würden, der stärker ist als das Todesschicksal;

wie sehr sie Menschen sind, die ein belastetes Gewissen haben, und die dringend jemanden brauchen, der die Ketten ihrer Schuld und ihrer heimlichen Bindungen bricht;
wie sehr sie Menschen sind, die voller Sorgen und voll banger Fragen an die Zukunft denken und sich nach einem König sehnen, der unsere Zeit (und eben damit auch die Ungewißheit der zukünftigen Zeit) in seinen Händen hält.
Und indem sie so unter seinen Augen zu Hungernden und Dürstenden werden (da sie ja tatsächlich entblößt und mit leeren Händen und als geistlich Arme vor ihm stehen), da merken sie auf einmal, daß er das alles zu geben vermag und sogar selber *ist:* der Weg zum Vater und der Friede des Herzens, die Kraft, die den Tod überwindet, und die Liebe, die allem Leben einen neuen Anfang schenkt. Hier auf einmal merken sie, daß das Reich Gottes wirklich in ihm angebrochen ist und daß schon keimhaft die Anfänge dessen in ihm liegen und hervorzubrechen beginnen, was Gott dereinst an seinem Tage in herrlicher Erfüllung schenken wird, an seinem Tage, wo er alles in allem sein wird und die alten Weltzustände zerbrechen und ein neuer Himmel und eine neue Erde aus der Waberlohe dieser Untergänge emporsteigen werden.
Ich sage: *Nur so erkennen sie das Reich Gottes, daß sie den Herrn Christus erkennen und in ihm wieder sich selber.*
Daher kommt es, daß man das Geheimnis des Reiches Gottes nicht von außen, nicht als unbeteiligter Zuschauer erkennen kann, sondern nur von innen, nämlich so, daß man sich *hineinbegibt,* daß man also unter die Augen Jesu tritt. Im Reiche Gottes ist nämlich alles eine Angelegenheit der Perspektive, das heißt, es kommt entscheidend darauf an, wo man steht. Steht man am falschen Orte, so sieht man schlechterdings nichts, und umgekehrt: hat man den richtigen Fleck unter den Füßen, dann können Kinder und Toren und die Verachteten der Welt die großen Geheimnisse des Gottesreiches erblicken.
Es ist damit ähnlich wie mit den farbigen Glasfenstern einer

Kirche. Geht man von außen um die Kirche herum, so sieht man nur ein einziges Grau in Grau und kann nicht feststellen, ob es verrußte und verdreckte Scheiben oder aber Kunstwerke von hohem Rang sind. Man sieht sie eben in der falschen Perspektive. Im gleichen Augenblick aber, wo ich das Innere des Kirchenschiffs betrete, beginnen die Fenster zu leuchten, und die ganze biblische Heilsgeschichte, in Farben gebannt, steht um mich auf und sieht mich an. Das Geheimnis des Gottesreichs läßt sich nur sehen, wenn wir »darin« sind.

Deshalb ist ja auch Pontius Pilatus nicht dahintergekommen, wer der Herr ist. Darum hatte er nur ein spöttisches und hinter dem Spott vielleicht auch ein schmerzliches Lächeln, als Jesus sagte: »Mein Reicht ist nicht von dieser Welt.« Weil er nicht »unter« den Augen Jesu stand – als einer, der sich von ihm vergeben ließ und bereit war, »Herr« zu ihm zu sagen –, darum hatte er kein Augenmaß für die Reich-Gottes-Verhältnisse, darum mußte er sie messen an seinen politischen Maßstäben, mußte das Reich Gottes mit dem römischen Imperium vergleichen und sah deshalb – – nichts. Denn wo war die Wehrmacht, wo waren die Hoheitszeichen dieses Reiches, und wo blieben schließlich die mehr denn zwölf Millionen Engel, über die er angeblich verfügte? Pontius Pilatus sah und hörte nichts.

Aber die Dirnen, die unter Jesu Augen wieder zurechtgekommen waren, die geistlich Armen, die er getröstet hatte, und die Kinder, denen er die Hände auf das Haupt legte: die hatten Geheimnisse über Geheimnisse von ihm zu berichten. Und die waren bereit, alles zu verkaufen, um die eine köstliche Perle zu besitzen. Und selbst der Glanz des römischen Imperiums war für die Erwachsenen unter ihnen nur ein Flittertand, weil sie plötzlich die Weite des Gottesreiches erblickt hatten, und weil sie wußten, wer als König am Ende der Geschichte stehen wird.

So verstehen wir, warum Jesus immer wieder vom *Geheimnis* des Gottesreiches spricht: den Weisen und Klugen dieser Welt sei es verborgen, aber den Kindern und Tumben, die ihn lieben, denen werde es offenbar. So spricht er von der verborgenen Perle, vom Schatz, der im Acker vergraben ist, und von einem heimlichen und unbemerkten Wachsen des Reiches. Es kommt eben alles auf den Standort an, an dem man sich befindet. Von dem »normalen« Ort aus ist es in der Tat unsichtbar verborgen.

Es ist also nicht so (wie wir im ersten Augenblick denken konnten), daß im letzten Satze des Vaterunsers »Denn dein ist das Reich und die Kraft und die Herrlichkeit in Ewigkeit« uns eine handfeste Begründung gegeben würde dafür, daß wir alle diese Bitten aussprechen dürften. Es ist nicht so, daß wir erst einmal auf blinden Glauben sagen müßten: »Unser Vater ...«, um dann am Schluß eine einleuchtende und gleichsam logische »Erklärung« vorgesetzt zu bekommen, die uns das Glauben etwa leichter machen würde.

Sondern es ist umgekehrt:

Wir müssen erst sehr lange mit unserem Vater sprechen lernen, müssen vielleicht ein ganzes Leben mit dem Vaterunser umgehen; wir müssen es gleichsam immer wieder an der Seite unseres Bruders Jesus, der ja mit uns betet, ausprobieren und exerzieren lernen, daß er wirklich das tägliche Brot gibt und die Schuld vergibt und uns ein neues Herz zu schenken vermag, ein Herz, das auch andern vergeben kann, – *ehe* uns aufzugehen beginnt, daß wir einen über alles Maß hinaus reichen und gütigen und freigebigen und unerschöpflichen Herrn haben, dem »das Reich und die Macht und die Herrlichkeit« gehören. *Wie* mächtig und herrlich er ist, geht einem nämlich nur auf, wenn man seine Macht und seine Herrlichkeit dauernd in Anspruch nimmt und dabei merkt, daß man niemals auf den Grund kommt. Zugespitzt ausgedrückt könnte man sagen: der Schlußsatz des Vaterunsers ist nicht eine *Voraussetzung*, die wir erst angenommen haben müßten, um beten zu können, sondern er ist umgekehrt die letzte *Folgerung*, zu der uns der Umgang mit dem Vaterunser drängt. Der Schlußvers des Vaterunsers ist also ein Lob Gottes, in das wir schließlich alle einmal ausbrechen müssen, wenn uns die Güte Gottes überwältigt, jene Güte, die über unser Bitten und Verstehen zu geben und zu erfüllen vermag.

Die Offenbarung des Johannes lehrt uns den tiefsten Sinn dieses Lobpreises verstehen:

Genauso, wie der Beter des Vaterunsers am Ende seiner Bitten und tausendfältigen Erhörungen nicht anders kann, als in das Lob Gottes auszubrechen (und wie vielerorts auch der Gottesdienst der Gemeinde in diesem gemeinsam gesungenen Lobpreis kulminiert), so klingt auch am Ende der *Geschichte* der ewige Lobgesang der Engel und der vollendeten Gerechten. Das Reich Gottes ist der Ort der ewigen Liturgie. Es ist der Raum des unaufhörlichen Gotteslobs.

Auf dieses Ende der Wege Gottes hat die Christengemeinde immer geblickt. Es ist ja merkwürdig, wie man zum Beispiel in den paulinischen Briefen beobachten kann, daß der Blick des Christen sich von dem Christus, der über die Erde gegangen ist, gleichsam abkehrt oder diesen Blick jedenfalls unbetont bleiben läßt gegenüber dem weitaus entscheidenderen Blick auf den *kommenden* Christus. Von diesem Blick auf das Ende aller Wege Gottes gewinnt die Gemeinde ihre heimliche Kraft und den Trost inmitten der Anfechtungen, die ihr das kurze Interim der noch laufenden Geschichte beschert. Die Gemeinde Jesu ist eine Schar von solchen, die ihre Häupter erheben, weil das Alte vergangen ist und weil sie von der anderen Seite etwas kommen spüren.

Wie real diese Schau der Geschichte in unser Leben eingreift, das mag uns deutlich werden an dem sehr merkwürdigen Bericht der Apostelgeschichte, daß Paulus und Silas, nach einer schweren Züchtigung ins Gefängnis geworfen, um Mitternacht Gott loben und preisen (Apg. 16, 25).

Was ist das Geheimnis jenes mitternächtlichen Lobes, das Paulus ausgerechnet in der Dunkelhaft seines Gefängnisses anstimmt? Ist es ihm so wohl? Hat er einen lyrischen Augenblick, wo der Überschwang seines Herzens sich einfach in Worte fassen muß? O nein! Sein Rücken ist wund von den Peitschenhieben, seine

Füße sind in einen Marterstock gespannt, und es ist feucht und beklemmend um ihn her; und auch der Gedanke mag ihn peinigen, was aus der Gemeinde werden soll, wenn Gott es zuläßt, daß ihre Führer von der Polizei geschnappt und mundtot gemacht sind. Der Körper und die Seele des Paulus sind gleichsam von allen Seiten durch die Qual umzingelt.

Aber er lobt Gott, statt zu jammern oder auch (wie *wir* es vielleicht tun würden) statt die Zähne aufeinanderzubeißen?

Warum?

Gott loben heißt, die Dinge von ihrem Ende her sehen, sie von den großen Zielen und Erfüllungen Gottes her betrachten. *Darum* kann Paulus um Mitternacht singen, obwohl ihm so bang und beklommen zumute ist. Darum *muß* er sogar singen, denn er weiß: Wenn er in all den physischen und inneren Qualen es einfach wagt, Gott zu loben – allem Augenschein und seinem Verstande und seinen Nerven zum Trotz –, dann wird dieses Ende der Wege Gottes vor seine Seele treten, und dann wird mitten in dem feuchten Loch das Reich Gottes um ihn sein.

Wer von uns gar nicht mehr aus noch ein weiß, der soll einmal alles Hadern und vielleicht sogar alles Bitten einen Augenblick lassen und soll getrost einmal *loben,* damit er sich auf dies Ende der Wege Gottes einspielt, wo die ewige Liturgie in dem Himmel erklingt. Nichts verändert uns so – und gerade in den dunkelsten Augenblicken unseres Lebens – wie das Lob Gottes. Und ich kenne jemanden, der durch seine Stille und Gelassenheit vielen Menschen Frieden zu geben vermag und das gerade auch in den schwierigsten und aufgeregtesten Zeiten des Bombenkrieges vermochte. Er sprach mir einmal von diesem Geheimnis: In den fürchterlichsten Augenblicken eines Fliegerangriffs höre er auf, Gott zu bitten, sondern würde ihn nur noch loben. Dadurch sei er gleichsam der Bannung durch den schrecklichen Augenblick entzogen, dadurch blicke er über diese Sekunden der Todesangst hinaus und sehe die Weite der Ewigkeit und das Ende aller Wege Gottes, auf denen diese bangen Sekunden eben nur ein

vorüberrauschender Augenblick seien. Dadurch stiegen seine Gedanken gleichsam über die Feuerglocke empor und gewännen eine ganz neue Perspektive.
So bedeutet Gott loben, die Dinge von ihrem Ende her sehen. Einen Menschen kann man nur loben, wenn man gesehen hat, was er leistet. Gott muß man loben, um zu sehen, was er leistet. Darum sollen wir ihn gerade in den ausweglosesten Augenblicken unseres Lebens loben. Dann lernen wir auch für unser Leben den Ausweg sehen, einfach deshalb, weil Gott am Ende aller Wege und Sackgassen steht.
So beginnt das Gebet des Herrn mit dem lobenden Anruf des Vaters, der »im Himmel« ist, und es schließt mit dem Lobe dessen, dem das Reich und die Kraft und die Herrlichkeit zu eigen sind. So ist denn alles, was wir bitten und erflehen, eingeschlossen und umgeben von dem Lobe Gottes.
Nur wer diesen Raum des Lobes betritt, kann auch das Bitten recht lernen. Denn er bittet dann nicht mehr unter dem Druck des Augenblicks und aus der Kurzsichtigkeit momentaner Bedrängnis heraus, sondern er bittet im Licht der Ewigkeit, er bittet vom Ende der Wege Gottes her und bekommt so den richtigen Sinn für die Proportionen des Reiches Gottes und für das, was wirklich groß und wirklich klein ist.
Er spricht den Hymnus des Lobes: »Von Gott, durch Gott und zu Gott sind alle Dinge!« Und er hört nicht auf, zu bitten:

Ewigkeit, in die Zeit
leuchte hell hinein,
daß uns werde klein das Kleine
und das Große groß erscheine!

Das Größte aber ist der Vater, den wir in Jesus ergreifen dürfen. Und das Kleinste ist mein eigenes Ich, von dem ich in Jesus gerade loskomme.
Das alles lehrt uns dieses Gebet, das die Welt umspannt.

WIE WAR DER NATIONALSOZIALISMUS IN DEUTSCHLAND MÖGLICH?

Zum zeitgeschichtlichen Hintergrund der Reden über das Vaterunser.

Aus einer Diskussion mit amerikanischen Studenten über das Problem geschichtlicher Schuld.

FRAGE: *Ich nehme an, daß Sie während Ihrer Amerika-Reise immer wieder gefragt worden sind, wie es in einem Lande, das Bach, Beethoven, Thomas Mann und andere Sterne in Kunst und Wissenschaft hervorgebracht hat, zu den schrecklichen Dingen kommen konnte, die Hitler anrichtete. Auch ich möchte diese Frage gern stellen. In diesem Lande gibt es viele Freunde Deutschlands. Wir bewundern, wie sich Ihr Land nach der Katastrophe wieder emporgearbeitet hat. Und auch die deutsche Theologie hat hierzulande großen Einfluß. Aber gerade deshalb wissen wir nicht, wie wir das Große und das Schreckliche zusammenbringen und miteinander vereinen sollen.*

ANTWORT: Ich fürchte mich vor dieser Frage, die in der Tat viele Amerikaner zu beschäftigen scheint und mir oft gestellt wurde, nicht eigentlich deshalb, weil sie ein »heißes Eisen« ist. (An heiße Eisen bin ich ein bißchen gewöhnt!) Vielmehr fürchte ich mich vor ihr, weil sie einen ungeheuren Komplex von politischen, historischen und auch psychologischen Problemen zum Gegenstand hat. Wenn man selbst in unmittelbarer Beteiligung jene geschichtliche Phase miterlebt hat, wenn man von ihr auch im eigenen Geschick betroffen war und dabei ständig das Wort der Verkündigung in diese Stunde hinein sprechen und etwa über das Vaterunser predigen mußte, dann hat man natürlich viel darüber nachgedacht und auch mit unzähligen Menschen darüber gesprochen. Bedenken Sie, was es hieß, wöchentlich während des Fliegerkrieges zu Menschen reden zu müssen, die teilweise alles verloren hatten und in panischer Angst vor der nächsten Nacht lebten; zu Soldaten, die für kurze Urlaube von der Front kamen; zu Gestapo-Leuten bei den Verhören; und nachher, als die Amerikaner mich in die Lager der gefangenen Regierungsleute, SS-Führer und Generale hineinließen, zu den Verantwortlichen jener Epoche, die nun auf den tiefsten Stufen ihres Scheiterns eine schreckliche (oder fruchtbare) Stunde der Besinnung erlebten. So habe ich unter besonders vielen Aspekten jene geschichtliche Epoche anschauen und bedenken müssen. Nur durch *einen* Charakterzug waren alle diese Aspekte miteinander verbunden: Es ging immer um eine Sicht aus der Betroffenheit, aus dem Engagement. Ich sprach mit rabiaten Nazis, aber auch mit Männern und Frauen des Widerstandes (von denen nicht wenige ermordet wurden); mit ehemaligen Nazis, denen es wie Schuppen von den Augen gefallen war und die nun schwere Gewissensqualen durchlitten; mit Soldaten, die an der Front für ihr Vaterland zu kämpfen meinten und deren Väter (etwa als Pfarrer der Bekennenden Kirche) von den Machthabern eben dieses Vaterlandes ins Gefängnis geworfen wurden (ob man sich die Konflikte dieser jungen Männer vorstellen kann?); mit Menschen in den Schrecken der Bombennächte; mit Müttern und Frauen, die den liebsten Menschen auf dem Schlachtfeld verloren hatten und die nicht wußten, wofür sie dieses Opfer gebracht hatten: für ihr Vaterland oder für einen Verbrecher; mit jungen SS-Männern, die merkten, vor welchen Wagen sie gespannt waren, und die mich fragten, was sie tun sollten; mit einem sterbenden SS-Mann, der die Wärmflasche nach dem Kruzifixus warf.

Wahrhaftig: ich bin dem schwefligen Licht dieser Epoche in allen seinen Brechungen begegnet. Und das ist natürlich eine sehr andere Beobachtungsweise, als sie Ihnen aus der geographischen und politischen Distanz gegeben sein konnte. Die Bürger eines freiheitlichen Rechtsstaates können sich wohl mit allen Mitteln der Phantasie nicht vorstellen, was in einer ideologischen Tyrannei passiert, was einem Volke widerfährt, das – um ein paar Verse Goethes abzuwandeln – von einem grausigen Eroberer über den halben Erdkreis gezerrt und dann in den Abgrund mitgenommen wird, in den er selbst stürzt.

Aber je mehr ich in all den vergangenen Jahren über diese Widerfahrnisse nachgedacht und inzwischen auch die reiche Literatur dazu studiert habe, um so dunkler und rätselvoller ist mir alles geworden. So kann ich nur hoffen, Ihnen ein *kleines* Stück des Problemkomplexes zu zeigen. Der weitaus größte Teil dieses geschichtlichen Eisberges wird aber unter Wasser bleiben.

Ich muß Ihnen vor allem eine sachliche Verlegenheit bekennen, der mich Ihre Frage aussetzt. Denn Sie fragen mich, wie das alles in einem Volke wohl möglich gewesen sei, dem die Welt ja auch ein nicht unbeträchtliches Maß an geistigen und sittlichen Gütern verdankt. Sie fragen also, anders ausgedrückt, »wie« es dazu habe kommen können. Die ideale Antwort auf diese Frage würde darin bestehen, daß ich einen exakten Kausalnexus aufzeigen, Sie also auf den notwendigen Ablauf eines geschichtlichen Prozesses hinweisen könnte. Das aber *kann* ich nicht nur nicht, sondern das darf ich nicht einmal *wollen*. Denn wollte ich es, so hieße das doch, daß ich auch alle geschichtliche Schuld verleugnen, daß ich sie nämlich logisch »ableiten« und also in ein amoralisches Schicksal verwandeln wollte. Indem ich das Naziregime mit seinen Grausamkeiten als Auswirkung einer naturgesetzlichen Zwangsläufigkeit verstünde, würde ich Geschichte in Natur verwandeln. Das wäre eine verruchte Manipulation. Und ich müßte ein schlechtes Gewissen haben, wenn der eine oder andere von Ihnen auf diesen Trick hereinfiele und am Ende meiner Darlegungen sagen würde: Die Deutschen sind unschuldig an dem, was die Nazis taten; es »konnte« ja gar nicht anders kommen; sie sind die Opfer eines Schicksals gewesen.

Wenn ich im folgenden also einiges zu der Frage bemerke, »wie« es dazu kommen konnte, dann meine ich das nicht im Sinne einer solchen »Ent-Schuldigung«, die die Flucht in eine unerlaubte Zone des »Jenseits von Gut und Böse« antritt. Das möchte ich durch diese reichlich theoretisch klingende Einleitung mit aller Klarheit ausgesprochen haben. Sondern ich mache diese Bemerkungen nur, um Ihnen zu helfen, diese Vorgänge ein wenig »verstehen« zu lernen (was ja etwas anderes ist, als sie zu »erklären«). Nur so kann bei Ihnen ja auch der Eindruck entstehen, um den es mir wirklich geht: daß man das, was in Deutschland geschehen ist, nicht wie ein Naturschauspiel aus unbeteiligter Distanz beobachten kann, sondern daß man hier mit dem Exzeß eines Untermenschentums konfrontiert ist, das potentiell *überall* da ist, wo Menschen sind. Auch in Amerika liegt diese Möglichkeit auf der Lauer; auch hier kann, wie Nietzsche es einmal ausdrückt, das »dünne Apfelhäutchen über der brodelnden Lava« einmal reißen und Abgründiges ans Tageslicht treten lassen, mit dem kein selbstsicherer Bürger zu rechnen wagte.

So will ich also einiges (viel zuwenig!) zum »Verständnis« sagen, und ich greife das heraus, was mir für Sie am ehesten nachvollziehbar zu sein scheint:

Erlauben Sie mir zunächst eine stichwortartige Charakterisierung dessen, was hier als »Vorbedingung« (nicht als »Ursache«!) wirksam war:

1. Der sogenannte »Weimarer Staat«, den Hitler dann durch seine Machtübernahme so schauerlich liquidierte, hatte das deutsche Volk in einer verzweifelten Situation zurückgelassen. Ein nach vielen Millionen zählendes Heer von Arbeitslosen lähmte die an sich schon keuchende Wirtschaft. Aber man sollte hier gar nicht nur von der Wirtschaft selbst sprechen, sondern vor allem die psychische Situation ihrer Opfer, nämlich der Arbeitslosen, sehen: ihr Leiden daran, daß sie samt ihren Familien unter dem Existenzminimum leben; daß sie sinnlos auf Kosten anderer dahinvegetieren und täglich in langen Schlangen anstehen müssen, um den Arbeitslosen-Stempel zu empfangen; daß sie täglich in der Atmosphäre einer kollektiven Unzufriedenheit leben, die sich in solchen Situationen Luft zu machen pflegt.

2. Die Zersplitterung des Staates in fast unzählige Parteien, die Symbolarmut des Staates, der die Phantasie nicht berührt, die schnelle Abfolge der Regierungen, von denen kein maßgeblicher Vertreter tiefere Bindungen zu erzeugen weiß und ein alle Kreise ergreifendes Vertrauen ausstrahlt: das alles mußte so etwas wie ein Katastrophengefühl des Preisgegebenseins nähren.

3. Man darf dabei nicht vergessen, in welchem Maße der Versailler Friedensvertrag nach dem Ersten Weltkrieg zu dieser sachlichen und psychischen Lähmung beitragen mußte: Die besetzten Zonen Deutschlands litten schwer und mußten einen Nationalismus erzeugen (samt dessen Repräsentanten in Gestalt besonders fanatischer *Gruppen*), der gleichzeitig gegen den als ohnmächtig empfundenen Staat gekehrt war und teilweise reaktionäre (der verlorenen »Kaiserherrlichkeit« nachtrauernde), teilweise revolutionäre (auf eine Diktatur drängende) Züge trug. Sicher haben die damaligen Sieger durch die schreckliche Torheit jenes Vertrages nicht unwesentlich dazu beigetragen, eine kollektive Verzweiflung und Hoffnungslosigkeit zu erzeugen, die dann zur Explosion, zum Schrei nach einem starken Mann und zu

der Bereitschaft drängten, jeden Scheinheiland kritiklos anzubeten, wenn er nur aus Steinen Brot machen und von der Zinne des Tempels herunterspringen könne.
Ich habe absichtlich die Szene von der Versuchung in der Wüste hier anklingen lassen, um anzudeuten, daß das, was sich hier vorbereitete, dämonische Züge trug. Es kann einen Grad der Verzweiflung und des Elends geben, in denen es den Menschen egal wird, durch wen sie aus Nacht und Untergang befreit werden, und wie trügerisch das Licht ist, dem man sie entgegenführt.

Wenn ich also um ein »Verstehen« dieser Vorgänge bitte, dann kann das nicht heißen, daß ich die Schuldfrage dabei übersähe. (Und nur um sie zu betonen, nicht um sie zu verhüllen, sprach ich von dem dämonischen Charakter der Situation.) Denn natürlich ist es Schuld, gleichgültig gegenüber der Frage zu sein, wem man sich mit Haut und Haaren verschreibt – obwohl die Sache dadurch wieder sehr kompliziert wird, daß der Pseudoheiland (wie Hitler das denn auch tatsächlich tat) seine Haut und seine Haare auch tarnen kann. Ebenso ist es Schuld, wenn man sich später vom Glanz beispielloser Erfolge auf wirtschaftlichem, sozialem und außenpolitischem Gebiet blenden läßt, wenn man fassungslos beglückt die Summe der Leistungen anstaunt und darüber die Frage vergißt, welches *»Vorzeichen«* vor der Klammer jener Leistungs-Summen steht.
Aber gerade weil ich die Schuld so sehe, fürchte ich mich vor pharisäischen Regungen, die ein solches »Bekenntnis« provozieren könnte, und frage darum schon jetzt: Wer wagt es, hier den ersten Stein zu werfen, wer sitzt hier nicht im Glashaus und wüßte von sich zu behaupten, daß er immun gegen solche Versuchungen in einer solchen Situation wäre? Wenn wir Deutschen hier von Schuld reden, dann müssen wir das *Gott* bekennen. Wir müßten sie auch noch vor denen bekennen, die das nicht mehr hören können: vor den Vergasten und grausam Ermordeten. Aber ich habe Hemmungen, jeden beliebigen als einen

potentiellen Beichtvater zu verstehen – jeden beliebigen, der vielleicht gar nicht in der Lage ist, in der Solidarität vor Gott diese Beichte anzuhören, und der um so mehr in die Lage geraten könnte, den Beichtstuhl zum Sitz des Pharisäers zu machen, statt ihn als ein »Glashaus« zu verstehen. Darum habe ich auch von kollektiven Schuldbekenntnissen vor aller Welt nie viel gehalten und mir nach dem Kriege durch die öffentliche Proklamation dieser Hemmungen nicht wenige Feinde gemacht.

Doch ich bin schon in die Kommentierung geraten und fahre nun in der Aufzählung der geschichtlichen Fakten fort:

4. So rief man also nach dem starken Mann, nach der apokalyptischen Retterfigur, und war bereit, alles auf diese letzte Karte zu setzen. Und siehe: Diese Figur bot sich in Hitler an. Und sie bot sich auf sehr raffinierte Weise an. Auch das legt wieder die Analogie zum Dämonischen nahe: nämlich zum »Stil« der satanischen Gebärde, durch die der teuflische Widerspieler sich als ein »Engel des Lichtes« verstellt.
Hitler wußte sich nämlich zu verstellen, und man mußte schon sehr genau zusehen und sein schreckliches Werk »Mein Kampf« sehr genau lesen, um unter dem Lichtgewande des Engels den Pferdefuß herausragen zu sehen. Er strapazierte reichlich das christliche Vokabular, sprach vom Segen des Allmächtigen, von den christlichen Konfessionen, die zu Saulen des neuen Staates werden sollten, ließ Glocken läuten und Orgelton rauschen. Er spielte den Ernst eines Menschen, der von geschichtlicher Verantwortung schier erdrückt wird. Er lancierte fromme Geschichten in die Presse und vor allem in die kirchlichen Sonntagsblätter: Es wurde berichtet, daß er Diakonissen seine zerlesene Bibel gezeigt habe und dazu gesagt haben sollte, er beziehe die Kraft zu seinem großen Werk aus dem Worte Gottes. Er konnte ein geradezu pietistisches Timbre in seiner Stimme erklingen lassen, das viele Fromme dazu brachte, ihn als Gottgesandten zu begrüßen. Und

eine geschickte Propaganda sorgte dafür, daß angesichts aller schon damals auftauchenden Gräßlichkeiten und angesichts des rabiaten Einbruchs der Nazis in die Kirchen das allgemeine On-dit auftauchte: Der gute Führer weiß nichts davon. (Ob wir es wirklich nicht gewußt haben, daß der gute Führer es doch wußte, das ist eine andere Frage.) Als man allmählich dahinterkam, wer die zentrale Figur wirklich war und daß die anderen Firmenmitglieder gut zu ihm paßten (»Wie der Herr, so's Geschärr«, sagen wir), da saß der Herr schon sehr fest im Sattel, und nach menschlichem Ermessen ließ sich da nichts mehr machen. Dann vergrößerte sich auch das Volumen der Firma immer mehr; und man stelle sich vor, was dabei herauskommt, wenn in einem Volke sozusagen der Bodensatz nach oben kommt, wenn Leute reüssieren und zu Machtstellungen oder Pöstchen kommen können, die im normalen Leben nie zu so etwas gekommen wären.
Die paar Idealisten, die es auch dabei gab, gingen in alledem unter. Außerdem ist von einem bestimmten Augenblick an Idealismus schon eine wirkliche Verblendung. Das drückte der gallige Volkswitz damals so aus, daß er sagte: Von den drei Eigenschaften, nämlich Nazi zu sein, intelligent zu sein und Charakter zu haben, könne man immer nur zwei haben: Entweder man sei Nazi und intelligent; dann habe man keinen Charakter. Oder man sei Nazi und charaktervoll; dann sei man nicht intelligent. Oder man sei klug und charaktervoll; dann sei man kein Nazi.

5. Aus alledem ergibt sich nun die Frage, warum man sich nicht gegen Hitler erhoben habe, als man zu erkennen begann, um welchen Fürsten der Unterwelt es hier ging.
Die Antwort muß sich zunächst damit beschäftigen, *wer* denn überhaupt dahinterkam. Dieser Prozeß des Dahinterkommens vollzog sich nur sehr allmählich und auch dann bloß partiell. Er vollzog sich nur in dem Maße, wie man persönlich bei sich oder im Umkreis seiner Erfahrung den Terror und das massive Unrecht zu spüren bekam. Dafür, daß man das bei anderen nicht

zu sehen *brauchte*, war reichlich gesorgt. In den Zeitungen stand es entweder nicht oder nur so, daß man die Leser (und Hörer der Reden) durch Hetzdarstellungen der Opfer einer Suggestion unterwarf, die eine Terrormaßnahme als vergeltende Gerechtigkeit erscheinen ließ. Wenn jahrelang tagtäglich nur von den Untaten der Juden, wenn in scheinbaren Dokumentarberichten über jüdische Bordell-Besitzer, Massenschiebungen, Ausbeutungen, Inszenierung von Kriegen, Bereicherung an Kanonen gesprochen wird, wenn man das Bild der Juden fast nur aus Karikaturen und aus politisch-pornographischen Zeitungen kennt, dann gehört schon eine erhebliche innere Substanz und Objektivität dazu, sich dagegen zu wappnen. Und man kann vielleicht verstehen, daß naive Gemüter (und in wieviel Exemplaren läuft das naive Gemüt herum!) das sagen, was ich unzählige Male denn auch sagen hörte: »Ich kenne zwar einen anständigen Juden, der mir leid tut; aber die anderen müssen ja schauderös sein!«

Wer den Terror in seinem ganzen Ausmaß erkennen wollte, mußte schon die Augen offenhalten. Man sollte meinen, daß vor allem die Träger der Intelligenzschicht zu diesen Leuten gehört hätten. Das war aber durchaus nicht in pauschaler Weise so. Ich habe über die Rolle von Bildung und Intelligenz im politischen Bereich damals erheblich umdenken lernen müssen. Der intelligente Mensch verfügt nämlich über genug Argumente und Assoziationen, um sich selbst zu beweisen, daß das, was er fürchtet, gar nicht stimmt. Er weiß auch opportunistische Chancen des Aufstiegs viel klüger einzuschätzen als die naiven Gemüter. So konnte man gerade in der Intelligenzschicht klägliche Beispiele des charakterlichen Versagens und der Verblendung beobachten. In Zeiten, die das Äußerste vom Menschen fordern, hilft »Aufklärung« erbärmlich wenig. Die bindungslose Vernunft, auch wenn sie sehr hochgezüchtet ist und es vielleicht sogar zu renommierten akademischen Lehrstühlen gebracht hat, pflegt allzu leicht dem Gesetz des geringsten Widerstands zu verfallen. Wer unter dem Terror aufrecht bleiben oder auch unter Hunger und

Schrecken der Gefangenenlager nicht verächtlich werden will, braucht durchaus kein »gebildeter« Mensch zu sein; aber er muß über innere Reserven verfügen und Bindungen haben. Die besten und verläßlichsten Widerständler waren unter mündigen Christen – nicht unter Mitläufern der christlichen Konvention! – und unter Kommunisten zu finden.
Daraus geht schon hervor, daß diejenigen, die in Opposition standen und gleichzeitig zu einem gefährlichen Handeln bereit waren, in einer solchen Situation nur eine weitverstreute »Diaspora« sein konnten.

Und nun bedenke man die Technik der Machtausübung in einer ideologischen Tyrannis, die über totale Kontrollen verfügt. Eine »Sammlung« der Opposition ist da völlig unmöglich. Es gibt nur ein geheimes Tuscheln kleiner Gruppen. Wie viele haben dadurch einen grausigen Tod gefunden, daß nur *ein* Spitzel auch in diesen kleinsten Zirkeln war! Und es gab ja ganze Heere solcher anonymen Spitzel, die sich entweder aus eigener Spontaneität so betätigten oder von den Machthabern bewußt und planvoll angesetzt wurden. Ich muß mich beherrschen, um Ihnen hier nicht eine Fülle grausiger Anekdoten zu erzählen, die ich allein in meinem persönlichen Erfahrungskreis erlebt habe.

6. Und das *Militär?* Das ist ein Kapitel für sich. Aber ich muß wenigstens einige Andeutungen machen.
Das deutsche Militär hat sich noch nie zum Revolutionieren geeignet. Man hat spöttisch gesagt: Die Deutschen können keine Revolution machen, weil doch das Betreten des Rasens verboten ist. Und wenn sie einen Bahnhof besetzen wollen, würden sie sich zuerst eine Bahnsteigkarte kaufen.
In diesem Hohn stecken einige Hinweise auf tiefere Tatbestände. Ich nenne nur zwei:

Das deutsche Offizierskorps ist während seiner Tradition immer *un*politisch erzogen worden. Es sollte das Schwert des Landesherrn sein und besaß zu diesem eine persönliche Treuebindung. Ich habe fürchterliche Seelenkämpfe von Offizieren erlebt, die sich förmlich zu dem Gedanken durchringen mußten oder sich eben *nicht* dazu durchringen konnten, daß ihr oberster Kriegsherr ein Verbrecher war. Diese Vorstellung stand im Widerspruch zu allem anerzogenen und zur zweiten Natur gewordenen Ethos, zu allen (Sie wissen, wen ich jetzt zitiere) bedingten und eingeschliffenen Reflexen.
Mit dieser Erziehung zum Respekt vor dem obersten Repräsentanten des Staates hing es zusammen, daß eine der Kardinaltugenden des deutschen Offiziers der Gehorsam war. Und es gehört schon einige Phantasie dazu, um sich vorzustellen, welche dämonischen Verkehrungen sich ergeben mußten, wenn diese traditionelle Tugend von einem Verbrecher ausgenutzt und als Vorspann für sein verruchtes Handeln benutzt wurde. Die Funktion des bloßen Schwertträgers, also des Instrumentes, zu überschreiten, eigene und oppositionelle Entscheidungen zu vollziehen, mündig und in eigener Verantwortung zu handeln: das war jedenfalls in der preußischen Geschichte nur ganz ungewöhnlichen Ausnahmesituationen vorbehalten geblieben. Daß die Ausnahme zur Regel werden und daß der Widerstand als Regel gefordert sein könne, das stand sozusagen jenseits des Vorstellungshorizontes der meisten.

Es erschiene mir unfair, hier einfach von der Erziehung zum Kadavergehorsam zu sprechen. Der alte Bischof Wurm von Württemberg, der nicht nur einer der charaktervollsten Widerstandskämpfer, sondern auch ein hochgebildeter Historiker war, hat mir wiederholt dazu folgendes gesagt: »Wir Schwaben sind viel widerborstiger und oppositioneller als ihr Preußen. Denn wir haben eine Anzahl ganz miserabler Landesfürsten gehabt, die immer wieder die besten unserer Landsleute in die Kerker

warfen oder verbannten. Dadurch haben sie eine Neigung zur Rebellion in uns erweckt. Und das Wort ›In tyrannos‹, das der junge Schiller seinen ›Räubern‹ als Motto mitgab, durfte von vornherein auf Beifall und Verständnis rechnen. Ihr Preußen aber habt viel zu gute Könige gehabt. Das ist jetzt euer Verhängnis. Nun kann man sich nicht vorstellen, daß der Mann in Berlin, dem man wie etwa dem alten Kaiser Wilhelm (dem Ersten) Treue schwor, ein Lump sein könne und daß man aufpassen müsse, ob der oberste Befehlshaber nicht mit dem Treueid Schindluder treibe. Es ist gerade das *Große* von einst, das die heutige Perversion besonders gründlich und verhängnisvoll sein läßt.«
Der alte Bischof sagte das alles auf etwas drastische und vereinfachte Weise. Aber es ist etwas dran. Die Schuld dabei ist, daß man sich allzu blindlings auf Menschen verlassen und die eigene politische und ethische Mündigkeit dabei preisgegeben hatte. So war man in dem Augenblick gelähmt, wo man die Mündigkeit gebraucht hätte.

Selbst das militärische Haupt der späteren Erhebung gegen Hitler, Generaloberst v. Beck – ein Ritter ohne Furcht und Tadel –, lehnte es 1938 noch empört ab, sich von einem anderen hohen General (Halder) auf eine besonders ehrenrührige Tat des Regimes und seines Chefs auch nur anreden zu lassen: »Meuterei und Revolution sind Worte, die es im Lexikon eines deutschen Soldaten nicht gibt.« Man kann nur von ferne ermessen, wie dornenvoll der innere Weg war, der diesen preußischen Offizier schließlich zum militärischen Führer eines Aufstandes werden und ihn das Attentat auf Hitler bejahen ließ. Auch er hat diesen Weg mit dem Leben bezahlt. Man darf nicht vergessen, wie viele deutsche Generale dem Regime so durch Hinrichtung, direkten Mord und Selbstmord oder durch die Kombination von beidem (wie bei dem auch Ihnen rühmlich bekannten Marschall Rommel) zum Opfer gefallen sind und sich zum Opfer gebracht haben.

Damit habe ich auf sehr weit zurückreichende Traditionen angespielt. Könnte ich hier erschöpfend sein, dann müßte ich auch noch einiges über die Nachwirkung von Luthers Obrigkeitstheologie und über den Mißbrauch der Lehre von den beiden Reichen sagen.

7. Es ist ja auch einmal zu einer dann blutig unterdrückten Auflehnung am 20. Juli 1944 gekommen. Daran waren führende Militärs beteiligt. Man hat – auch in einer sehr bekannten amerikanischen Darstellung – immer wieder auf den Dilettantismus dieses zum Scheitern verurteilten Unternehmens hingewiesen. Ich halte dieses Urteil selbst für sehr dilettantisch und angesichts der Opfer, von denen ich nicht wenige kannte, für nahezu unerträglich. Es zeigt nur, wie wenig man sich inmitten einer Atmosphäre rechtsstaatlicher Freiheit die Widerstandssituation im totalitären Staat vorstellen kann. Ich will an einem sehr vereinfachten Modell klarzumachen versuchen, wie schwer hier ein gewaltsames Handeln war.
Ich sprach schon davon, daß man nicht öffentlich zum Widerstand blasen konnte, daß man entsetzlich vorsichtig sein mußte. Es durfte aus Gründen dieser Diskretion nur ganz wenige geben, die alle Widerstandsgruppen kannten und sie koordinieren konnten. Wir anderen kleinen und jungen Figuren wußten nur von minimalen Abschnitten dieser Front.
Nun aber kann sich jeder von Ihnen vorstellen, daß man (mit oder ohne Attentat gegen das Leben des »Führers«) doch eine, wenn auch noch so kleine *Truppeneinheit* (sagen wir einmal: eine Kompanie) braucht, um das Führerhauptquartier unschädlich zu machen. Man braucht ferner noch einige weitere Kompanien, um die Ministerien, die Radiostationen und einige andere Machtzentren zu besetzen. Nehmen wir nur einmal an, alles in allem seien geschlossene Verbände in Stärke von tausend Mann nötig gewesen. Aber selbst innerhalb eines Millionenheeres wären diese tausend Mann nicht zu finden gewesen. Jede Kompanie war ja

mit sogenannten »NS-Führungsoffizieren« durchsetzt, in jeder waren mindestens einige eingeschworene Nazis. Sie waren also ausnahmslos für solche Maßnahmen nicht verläßlich genug. Und an dem kleinen Kommandeur der kleinen Berliner Wachkompanie, der Lunte roch, ist ja dann auch nahezu alles gescheitert. Am Anfang des »Dritten Reiches«, als die Stellung der Reichswehr gegenüber Hitler noch sehr viel stärker war, war die Situation für einen militärischen Widerstand sozusagen noch nicht reif. Da hatten Führung und Truppe noch nicht gemerkt, wohin der Hase lief. Da waren sie noch fasziniert von Aufrüstung und Prestigegewinn; und die neuen Kanonen und Flugzeuge, die neuen Paradeuniformen waren allzu beglückende Spielzeuge. (Welcher Soldat wäre dafür unempfänglich?)
Später aber war man schon zu tief in die Falle hereingelockt, um noch genügend Bewegungsfreiheit zu haben.

Auch hier möchte ich es nicht so erscheinen lassen, als sei die Armee nur das pure und unschuldige Objekt von List und Tücke gewesen. Sie war gewiß dieses Objekt; aber sie war nicht einfach unschuldig. Es gibt ernsthafte und abwägende Beobachter, die sehr wohl die eine oder andere Möglichkeit erkannt hatten, bei der etwas zu machen gewesen wäre und angesichts deren man eben – *nicht* gehandelt hat. Die letzte Möglichkeit, wo ein entschlossenes Offizierskorps allenfalls noch etwas hätte ausrichten können, war wohl in einem Augenblick gegeben, als einer der angesehensten Generale des Heeres (von Fritsch) 1938 auf schmähliche, diffamierende Weise seinen Abschied nehmen mußte. (Er hat später den Tod auf dem Schlachtfeld gesucht und auch gefunden.) Und wenn ich vorher einmal die preußische Tradition des Gehorsams als mildernden Umstand zu nennen wagte, so muß ich hier die gleiche Tradition zur verschärfenden Anklage benutzen: Tatenlos, wenn auch ergrimmt zuzusehen, wie dem untadeligen Oberbefehlshaber des Heeres in schäbigster Weise die Ehre abgeschnitten wird, sich also dagegen nicht aufzulehnen oder selbst den Abschied zu nehmen: das war wahrlich *nicht* im Sinne jener Tradition.

8. Ein großes Hindernis bedeutete für den Widerstand auch die Tatsache, daß die Truppen auf Hitler persönlich vereidigt waren. Wie wenige haben diese Struktur des Eides von Anfang an durchschaut! Wie wenige fühlten sich zu Meditationen darüber veranlaßt, zu welchen Konsequenzen das führen könne. Denn man hatte Hitler ja noch nicht durchschaut. Und wie sollten diejenigen, die das Verhängnis ahnten, der Eidesleistung aus dem Wege gehen? Um schließlich bereit zu sein, den Eid zu brechen oder sich in den Eidnotstand versetzt zu sehen oder den Eid angesichts der gigantischen Eidbrüche Hitlers als nichtig zu verstehen: dazu hätte es einer Fülle von Reflexionen bedurft, die dem Gewissen des einsamen einzelnen überlassen waren. Denn niemand konnte darüber öffentlich reden oder einen Katechismus des Eides schreiben. Die Kirchen haben zwar etwas gesagt. Aber es war so allgemein, daß nur eine geringe Unbereitschaft dazu gehörte, um es zu *über*hören.

9. Man darf auch die unbeschreibliche Angst vor dem satanischen Terror nicht übersehen. Ein allgemeines Heldentum der Masse gibt es nicht. Das merkt man auch in Demokratien, obwohl da die Bedingungen dafür, daß man seinen Mann stehen kann, unvergleichlich leichter sind. Aber auch wer vielleicht heldische Anwandlungen hatte, den konnte sehr bald das kalte Grausen überkommen. Ich denke dabei gar nicht nur an die ausgeklügelten Folterungen, die den Henkern und Kerkermeistern zur Verfügung standen, sondern auch daran, daß man sich in Form der Sippenhaft an Frauen und Kindern der Betroffenen rächte, daß man sie quälte und einsperrte oder tötete, daß man den Kindern den Namen nahm und sie irgendwo verschwinden ließ, um die Sippe auszulöschen.

Ich könnte noch lange fortfahren, doch will ich die Reihe meiner Hauptpunkte hier abschließen. Lassen Sie mich das noch einmal wiederholen, woran mir so sehr viel liegt:
Ich habe versucht, etwas zum »Verstehen« dieser dunkelsten Station der deutschen Geschichte zu sagen. Dazu gehörte es, daß ich Ihnen nach bestem Wissen und Gewissen einige Vorbedingungen nannte, die gegeben sein mußten, damit es soweit kommen konnte. Die geschichtlichen Vorbedingungen, die es zu diesem Zustand kommen ließen, haben nicht den Rang von Ursachen, die erklären, sondern eben nur von Bedingungen, die verstehen lassen. Und »alles verstehen« heißt eben keineswegs, »alles verzeihen«. Ich wollte das, was ich für unsere Schuld halte, nicht verschweigen, auch wenn ich kollektive und pauschale Schuldbekenntnisse für allzu billig und darum verharmlosend halte. Wenn Schuldbekenntnisse ernst zu nehmen sind, dann müssen sie sehr differenziert sein. Darum ist eine persönliche und differenzierende Beichte auch sehr viel schwerer als ein generelles Schuldbekenntnis, bei dem ich mich aller »Gedanken, Worte und Werke« anklage.
Also nochmals: Ich halte nichts von dem Satz: »Alles verstehen, heißt alles verzeihen!« Wohl aber kann das, was ich über die »Vorbedingungen« sagte, die *Aufforderung* zum Verstehen *und* zum Verzeihen enthalten, wenn Sie als Angehörige eines anderen Volkes nun vielleicht über die Frage zu meditieren beginnen, ob Sie unter gleichen Bedingungen schuldlos geblieben wären und also berechtigt seien, den »ersten Stein« zu werfen.

Ich hätte aber trotz alles Wichtigen, das ich nannte, den entscheidenden Grund für Schuld und Katastrophe wohl doch übergangen, wenn ich nicht noch folgendes hinzufügen würde:
Der letzte Grund dafür, daß es so kommen mußte, ist meiner festen Überzeugung nach theologischer Natur. Er besteht im Obersatz der *Anthropologie*, die die Machthaber vertraten und der gegenüber das deutsche Volk offenbar keine inneren Abwehr-

stoffe besaß. Das klingt vielleicht etwas geheimnisvoll, und ich will kurz erklären, was ich meine:

Es gibt zwei extrem verschiedene Formen des Menschenbildes. Das eine sieht so aus, daß ich den Menschen nach seinem Funktionswert eintaxiere: als Arbeitskraft und Leistungspotenz im Produktionsprozeß, als Träger erotischer Attraktivität (etwa des sex appeals) oder biologischer Werte (z.B. im Sinne eines rassisch verstandenen Herrenmenschentums). Im Grund ist dieses Menschenbild pragmatischer Natur. In normalen Zeiten sind seine destruktiven Züge unter Umständen verhüllt, oder besser: getarnt. Solange ein Mensch als wertvolle Arbeitskraft funktioniert, mag er hoch angesehen sein und vielleicht als »Held der Arbeit« gefeiert werden. Ebenso bewegt sich sein Leben, wenigstens äußerlich, auf einem Höhenweg, solange er erotisch funktioniert, das heißt: solange er jung und attraktiv ist. Und von der genannten biologischen Werthaltigkeit gilt Entsprechendes, insoweit er die »richtige« Rasse hat und deren vermeintliche Qualitäten repräsentiert.
Dieses nach dem Funktionswert bestimmte Menschenbild enthält also eine ganz bestimmte pragmatische Werteskala. Diese Werteskala legt den Vergleich mit der Maschine nahe. Denn die Maschine wird ja ebenfalls ausschließlich nach ihrem Funktionswert eintaxiert: Ist sie voll leistungsfähig, so ist sie gleichsam »angesehen«; sie wird geschätzt und durch einen sorgfältigen Service gepflegt. Ist sie verbraucht und wird funktionsunfähig, so verschrottet man sie.
Dieser Vergleich hat für die humane Parallele beklemmende Züge: Denn dem hohen Ansehen, das der funktionstüchtige Mensch in seiner Gesellschaft hat, entspricht logischerweise auch seine völlige Abwertung, sobald er seinen Funktionswert verliert. Hier muß notwendig – das ist tatsächlich eine logische Zwangsläufigkeit – der Begriff des »lebensunwerten Lebens« entstehen. Und in diesem Begriff ist dann noch eine weitere logische

Konsequenz angelegt: daß »lebensunwertes Leben« entsprechend einer nicht mehr funktionierenden Maschine verschrottet werden müsse. Man nennt das in diesem Falle »liquidieren«.
Wir könnten die Wahrheit dieser logischen Prozesse mit schauerlichen historischen Illustrationen belegen. Man braucht nur an die Massenliquidationen der stalinistischen Ära in Sowjetrußland zu denken. Sobald man von einer gesellschaftlichen Schicht (etwa Adel und Bürgertum) den Eindruck hatte, daß sie nicht im Sinne des Regimes umzuerziehen, d. h. soziologisch zu reparieren sei, wurde sie en masse liquidiert. Und man kann bei den Geisteskrankenmorden und den Vergasungen der Juden unter Hitler denselben Vorgang beobachten.
Es wäre viel zu billig und versimpelnd, wenn man hier einfach nur von »Verbrechern« spräche. Es stimmt natürlich, daß solche Haltungen gegenüber dem Menschen das Verbrecherische wie ein Magnet anziehen und daß der Abschaum der Menschheit (vor allem unterwürfige Opportunisten und auch Sadisten) in großem Stile mobilisiert wird, um jene zynisch-pragmatische Anschauung vom Menschen ins Werk zu setzen. *Und doch wären moralische und kriminologische Kategorien wie die des Verbrechertums unzureichend, um die Tiefe der hier waltenden Vorgänge zu erreichen.* So verrückt es klingen mag: aber diese schauerlichen Figuren hatten schon ihr »Ethos«. Wenn etwa ein Angehöriger der SS, der zu einer Massenexekution befohlen war, um eine Audienz bei dem obersten SS-Chef (Himmler) bat und ihm sagte, er könne das aus Gewissensgründen nicht machen, so erhielt er etwa folgende Antwort: Was sich in Ihnen dagegen sträubt, ist nicht Ihr Gewissen, sondern Ihre Schwäche, die vor dem Grausigen zurückzuckt. Das nationalsozialistische Gewissen hat auf seinen Gesetzestafeln oberste Werte wie etwa die Reinheit der Rasse. Daraus folgt das sittliche Postulat(!), alle destruktiven rassischen Elemente (Juden) und alles minderwertige und nur hemmende Leben (Geisteskranke) zu vernichten. *Hier* also liegen die sittlichen Forderungen, die Ihr Gewissen verpflichten

müßten. Ihre Hemmungen liegen entweder in Ihrer Feigheit, die Sie hindert, diese sittlichen Konsequenzen zu ziehen, oder daran, daß Ihr Gewissen die Restbestände bürgerlich-christlich-mediterraner Vorstellungen noch nicht abgestoßen hat.

Himmler – jene vielleicht groteskeste und abgründigste Gestalt des »Dritten Reiches« – antwortete also auf den Einwand des SS-Mannes nicht mit der Feststellung: Du darfst nicht so genau sein; du mußt aus politischen Gründen auch mal das Böse tun! Sondern er sagt im Gegenteil: Das, was ich dir befehle, ist im Sinne unserer Wertetafeln das ethisch Gute. Und er hat jedenfalls damit insofern ein relatives Recht, als alle unsere Urteile über gut und böse abhängen von den obersten und führenden Werten, an die wir glauben.

So kann es zu der geradezu perversen Konsequenz kommen, daß jemand, der aus bester Familie kommt und zum Verantwortungsbewußtsein erzogen ist, mit subjektiv gutem Gewissen das Verruchte tut. In Zeiten, wo alle Werte umgewertet werden und das Wertechaos ausgebrochen ist, helfen subjektiver Anstand und persönliche Gutmütigkeit herzlich wenig. Darum waren bei den Henkern auch so viele brave und biedere Bürger, die nach dem Zusammenbruch untertauchen und ein unbescholtenes Leben in treuer Berufsausübung und als gute Familienväter führen konnten. Sie waren längst »resozialisiert«. (Das macht den strafrechtlichen Vertretern der »défense sociale«, die den Sühnegedanken eliminieren möchten, erhebliche juristische Pein!) Wie viele, die heute wegen ihrer Untaten verhaftet werden, weil man sie endlich in ihrer Verborgenheit aufgestöbert hat, erregen nicht das fassungslose Entsetzen ihrer Nachbarn und Kollegen. Sie können einfach nicht begreifen, daß dieser loyale Mitarbeiter, der treu seine Pflicht tat, mit seinen Kindern gemütvolle Weihnachtslieder sang und ein hingebender Freund seiner Hunde, Katzen und Kanarienvögel war, ein Massenmörder gewesen sein soll. Das kann freilich nur *der* als scheinbaren und irritierenden Widerspruch empfinden, der die theologischen Hintergründe jener Vorgänge nicht begriffen hat: daß jede subjektive Gutmütigkeit vor die Hunde geht, wenn sie in den Dienst falscher Wertetafeln mit ihren verruchten Spitzenwerten tritt.

Man kann hier nur als Vertreter eines Volkes, das durch diese wahrhaft apokalyptischen Erfahrungen hindurchgeschritten ist, seine warnende Stimme erheben und seinen Freunden auch in diesem Lande sagen: Paßt auf, daß die humanen Umgangsformen, daß der Imperativ »Seid nett zueinander!« nicht das Letzte ist, was euer mitmenschliches Verhältnis bestimmt! Gerade das, was die Amerikaner in so hohem Umfang besitzen: diese Kunst des menschlichen Umganges, diese Fähigkeit, glatte und unkomplizierte Kommunikation zu erzeugen, das könnte mit einem Schlage gelähmt und ins Gegenteil verkehrt werden, wenn man nicht mehr weiß, wer und was der Mensch wirklich ist. Dann könnte all diese Nettigkeit zum Ausdruck einer pragmatischen Lehre von optimalen Umgangformen werden. Dann wäre man nicht mehr nett, weil man Respekt vor dem Range des Menschen hat, sondern weil man aus ganz praktischen Gründen das gesellschaftliche Zusammenleben nur möglichst reibungslos gestalten und keinen Sand in die Sozialmaschinerie eindringen lassen will.

Dieser Pragmatismus ist nicht krisenfest, wenn einmal Machthaber auftreten, die Ihnen andere Wertetafeln bringen. Man würde den neuen Forderungen dann nicht nur nicht widerstehen, sondern sie nicht einmal in ihren furchtbaren Konsequenzen erkennen. Denn sie können eine sehr strahlende Außenseite haben! Solche dämonischen Figuren haben durchaus keine Verbrechervisage mit stechenden Augen, einem brutalen Kinn und schlechter Rasur. Sie würden Ihnen vorgeführt werden, wie sie Kinder streicheln und ihren Hund liebkosen. Sie würden Bibelsprüche zitieren und Anekdoten darüber ausstreuen lassen, daß die Sorge für ihr Volk sie nachts nicht schlafen läßt. Sie würden als Männer von Verantwortung und sittlichem Bewußtsein auftreten. Nur

eines wäre bei ihnen ein wenig anders als bisher: Sie hätten eine etwas andere Wertetafel.
Aber gerade das, was so im Unsichtbaren beginnt, was so nur eine leichte (scheinbar leichte) Wertverschiebung im Ansatz bedeutet, das setzt sich wie mit dem Storchschnabel vergrößert in eine schauerliche Realität um, das führt zu Mord und Liquidation und Verschrottung – und viele erkennen es nicht einmal *dann* in seiner grausigen Perversion, sondern werden fragen: Was wollt ihr denn? Wir tun doch das Gute und verwirklichen nur ein Programm der Verantwortung!
Wer Ohren hat, zu hören, der höre! Es könnte sein, daß die Entwicklung der Rassenfrage in Amerika ein Gefälle auf alles dies enthält. Ich hoffe es nicht, aber es könnte so sein. Darum meinte ich, Ihnen als jemand, der in diesem Lande so viel echte und ganz unpragmatische Humanität gefunden hat, die leid- und schuldvolle Erfahrung meines Volkes nicht verschweigen zu dürfen und sie als warnendes Signal vor Ihnen sichtbar machen zu dürfen.

Ich sagte Ihnen soeben, es gebe zwei extrem verschiedene Bilder vom Menschen. Das eine habe ich jetzt genannt und habe es Ihnen genauer vor Augen gemalt: Es ist das pragmatische Bild vom Menschen mit seinen anderen Wertetafeln und seinen Konsequenzen des Grauens.
Das Gegenbild dazu haben wir im *Evangelium*. Hier beruht die Würde des Menschen nicht auf seiner Funktionstüchtigkeit, sondern darauf, daß Gott ihn liebt, daß er teuer erkauft ist, daß Christus für ihn starb und daß er so unter dem Patronat einer ewigen Güte steht. Unter diesem Patronat steht auch noch der Geisteskranke und der, der in menschlichen Augen »nichts nütze« ist. Darum konnte sich Bodelschwingh, der Leiter einer Anstalt für Epileptische, den Schergen der SS entgegenstürzen: Ihr müßt über meine Leiche, wenn ihr sie (zur Tötung) abholen wollt. Er wußte: Auch die Ärmsten von ihnen, in denen unsere irdischen

Augen kaum noch einen Funken der Menschlichkeit erblicken, sind von Gott geliebt – und niemand darf sie aus seiner Hand reißen. Sie haben keinen immanenten Funktionswert, aber sie haben das, was Luther »die fremde Würde« nennt: daß sie in einer Geschichte mit Gott stehen und daß die Opfer Gottes auch sie heiligen und sakrosankt sein lassen. Nur in dieser »fremden Würde« gibt es wirkliche Geborgenheit. In jedem anderen Falle sind wir menschlichem Taxieren und Manipulieren überantwortet.

Ich glaube, daß hier die Christenheit eine unerhörte Verantwortung hat. Sie muß diese Wahrheit der »fremden Würde« predigen. Sie muß im Namen der Gebote Gottes und des Evangeliums die Wertetafeln bewachen. An diesem Punkte befinden sich die entscheidenden Weichen auch für ganz realpolitische Entwicklungen. Und hier wird deutlicher als irgendwo sonst, daß Glaubensentscheidungen mehr sind als ein innerkirchlicher, »dogmatischer« Vorgang; daß vielmehr das, was hier verkündigt, geglaubt und im Gehorsam getan wird, sich in sehr realpolitischen Räumen auswirkt.
Man spricht so viel von der Verantwortung der Kirche für Öffentlichkeit und Gesellschaft. Und man versteht darunter vielfach, daß sie zu sozialen und kulturpolitischen Fragen Stellung nimmt. Ich will keineswegs bestreiten, daß das zu ihren Pflichten gehört. Aber *vor* allen sekundären Stellungnahmen steht der Auftrag der Christenheit, diesen *Obersatz der Anthropologie*, diesen Schicksalssatz zu verkündigen und auch im öffentlichen Bewußtsein zu erhalten, dieses Leitbild der Humanität, wie es uns vom Evangelium vor Augen gemalt wird, hörbar zu vertreten. Ich darf diese so fundamentale und wirklich schicksalhafte These zum Abschluß noch einmal zu formulieren suchen (und ich blicke dabei in Gedanken zurück auf die Art, in der diese These zum Schlüsselsatz der dunkelsten Epoche meines Vaterlandes wurde):

Es geht nicht um die Verwertbarkeit des Menschen, sondern es geht um den unendlichen Wert der Menschenseele. Jede These von der Verwertbarkeit des Menschen überantwortet uns der Verfügung menschlicher Hände und damit den schrecklichsten Manipulationen. Das Wissen um den unendlichen Wert der Menschenseele aber läßt uns geborgen sein in der Verfügung der Hände Gottes. Wir müssen uns entscheiden, ob wir im Menschen ein Instrument der Gesellschaft oder ein Kind Gottes sehen wollen. Wir müssen uns entscheiden, ob wir ihn den Menschen überantwortet oder ihn unter dem Patronat der ewigen Güte geborgen sehen wollen.

FRAGE: *Wir haben gehört, daß Sie als Antwort auf die gestellte Frage nicht nur ein Stück deutscher Geschichte interpretiert, sondern zugleich eine Botschaft an uns Amerikaner übermittelt haben. Ich glaube, wir verstehen jetzt nicht nur das eine oder andere besser, das uns bisher an der Hitler-Epoche so rätselhaft war, sondern wir haben es auch im Lichte des Wortes Gottes zu sehen gelernt. Und da uns das gleiche Wort gesagt ist, so müssen wir in uns gehen und uns fragen, was auch in unserem Lande an dunklen Möglichkeiten verborgen sein könnte. Wir wollen uns dieser Solidarität nicht verschließen.*
Fassen Sie es deshalb bitte nicht als amerikanische Selbstgerechtigkeit auf, wenn ich dazu doch noch eine Frage habe:
Sie sprachen von der Verirrung des Gehorsams, besonders des soldatischen Gehorsams, wie er in der preußischen Tradition verankert war und dann von Hitler so schrecklich mißbraucht wurde. Glauben Sie wirklich, daß Verirrungen dieser Art auch bei uns möglich wären? Ich frage wirklich nicht aus pharisäischen Motiven. Ich meine durchaus nicht, daß wir Amerikaner bessere Menschen wären, sondern ich frage mich nur, ob unser demokratisches Bewußtsein uns nicht vielleicht doch vor diesem blinden Gehorsam und seinem Mißbrauch schützt. Wir haben ja doch nicht diese Treuebindung an das Staatsoberhaupt, wie sie bei Ihren Königen

gegeben war. Wir denken überhaupt nicht so sehr vom Staate und von der »Obrigkeit« her, wie es wohl Ihren Überlieferungen entspricht. Wir sind viel mehr an der Gesellschaft orientiert. Ist das nicht doch ein gewisser Schutz?

ANTWORT: Ich danke Ihnen für Ihr Vertrauen, weiß allerdings nicht, ob ich zu dem Urteil befugt bin, das Sie mir offenbar zutrauen. Und ich möchte nun auch meinerseits nicht gern in den Geruch kommen, pharisäisch zu sein, wenn ich Ihre Frage nicht mit einer Unbedenklichkeitserklärung, sondern mit einer Kritik am amerikanischen Leben beantworten muß. Da ich es, glaube ich, aber nicht an Selbstkritik habe fehlen lassen, werden Sie mir zutrauen, daß diese von Ihnen ja angeforderte Kritik nur aus der Ehrlichkeit gegenüber *Freunden* geäußert wird. Fassen Sie deshalb das, was ich sagen möchte, nicht als Behauptung, sondern als Frage an Sie auf.

Auch ich bin sehr beeindruckt von dem, was Sie das demokratische Bewußtsein der Amerikaner nennen. Mir ist in Ihrem Lande erst ganz klar geworden, daß die Traditionen meines Landes nicht nur in vielem groß, sondern daß sie auch eine Last sind; daß sie einem nicht nur helfen, das Leben zu bewältigen, sondern daß man sie auch selbst bewältigen muß. Und doch glaube ich, daß der Kadavergehorsam, um es drastisch zu sagen, durchaus nicht nur in bestimmten Traditionen des Verhältnisses Bürger-Obrigkeit begründet ist. Er kann auch durch ganz andere Gepflogenheiten erzeugt werden.

In dieser Hinsicht sind mir zwei Erscheinungen in diesem Lande besonders aufgefallen, und ich bitte Sie, daß ich das in freundschaftlicher Gesinnung aussprechen darf:

Einmal gibt es hier einen für meine Begriffe merkwürdigen Gehorsam gegenüber bestimmten eisernen Verabredungen der Gesellschaft. Hier darf niemand aus der Rolle fallen. Man darf z.B. nicht anders sein wollen als die anderen, selbst nicht in seiner Kleidung. Ich habe etwa gehört (ob das wirklich so stimmt?), daß die Damen vor Pfingsten keine weißen Schuhe tragen dürfen. Über die Illustrationen, die für dieses Gesetz des Konformismus anzuführen wären, wissen Sie sehr viel besser Bescheid als ich. Darum will ich sie mir ersparen. Natürlich gibt es das bei uns auch. Und man braucht nur das Stichwort »Mode« zu nennen, um ein besonders drastisches Beispiel zu zitieren. Aber hierzulande scheint mir das doch noch wesentlich weiter zu gehen und sich auf nahezu alle Lebensgebiete zu erstrecken.

Ähnlich ist es mit dem Gehorsam gegenüber dem Gesetz des Staates. Vielleicht hängt es mit der Tugend demokratischer Freiheit zusammen, daß man vor dem eisernen Walten des Gesetzes ganz besonderen Respekt haben muß, um in Form zu bleiben. Nun möchte ich natürlich keiner Erweichung des Gesetzes das Wort reden. Aber es ist mir doch aufgefallen, daß die Bedingungslosigkeit, mit der man in dieser Hinsicht Gehorsam übt, gelegentlich sehr weit gehen kann. Wenn man etwa mit der gesetzlichen Lösung der Rassenfrage nicht zufrieden ist, so zucken auch ernsthafte Christenmenschen vor der bloßen Diskussion der Frage zurück, ob man ein gegen das Gewissen gehendes Gesetz unter allen Umständen halten müsse. Es gilt für viele als unerträgliche Schande, wenn etwa ein angesehener Mann, der aus Gewissensgründen eine Gesetzesübertretung beging, ins Gefängnis muß. Ein Pastor im Gefängnis – das geht nicht.

Ich äußere die Kritik, die in meinen Worten anklingt, nicht ohne Respekt. Daß das Gesetz im allgemeinen Bewußtsein diesen Rang hat, liegt ja auch daran, daß es diesen Respekt in der Regel verdient. Und es ist kein gutes Zeichen, wenn es in meiner Heimat zu manchen Zeiten keineswegs als Schande gegolten hat, um einer Gesetzesübertretung willen im Gefängnis zu sitzen. Der Respekt der Amerikaner vor dem Gesetz liegt sicher zu einem guten Teil daran, daß man von einer sehr positiven Voraussetzung ausgeht: daß nämlich das Gesetz des Staates gut ist und mit dem übereinstimmt, was das Gewissen – auch das im Glauben gebundene Gewissen – fordert, oder daß es jedenfalls dieser Gewissensfreiheit Raum gibt. Und gerade hier frage ich mich nun, ob es nicht – mutatis mutandis – hier ähnlich weitergehen könnte wie bei den preußischen Königen: daß man sich an das Gute der Autorität *gewöhnt*, daß man an ein Versagen der Gesetze (und der »Könige«) nicht mehr recht denkt, deshalb etwaige Konflikte zu übersehen geneigt ist und die eigene Gewissensverantwortung so einschlummern läßt. Hier könnte die Rebellion der Jugend eine produktive Infragestellung bedeuten.

Jetzt fasse ich mir einfach ein Herz und erzähle Ihnen zur Illustration eine etwas anrüchige Geschichte. Ich möchte sie keineswegs verallgemeinern; bitte, glauben Sie mir das. Sie handelt sicher von einer Entgleisung. Aber auch an einer Entgleisung kann man noch die Richtung erkennen, in der der Wagen gefahren ist.

Nach dem deutschen Zusammenbruch 1945 wurden von den Besatzungsmächten neben vielen wirklichen Übeltätern auch immer wieder die falschen erwischt. In dem allgemeinen Chaos konnte das wohl auch nicht anders sein. Stellen Sie sich nur vor, wie viele Leute sich mit Hilfe der Militärregierung zu rächen suchten und wie viele Denunziationen es deshalb gab. Kein Wunder, daß die Alliierten in dem allgemeinen Wirrwarr das Richtige vom Falschen nicht immer zu unterscheiden wußten. Einer solchen Denunziation fiel damals auch ein sehr treuer Mann der Kirche in Württemberg zum Opfer. Meiner Erinnerung nach war es ein Diakon. Er war absolut unschuldig und bei allen redlichen Menschen hoch angesehen. Die Denunziation war so schrecklich und so klug eingefädelt, daß er durch irgendein Schnellgericht zum Tode verurteilt wurde und seiner Exekution entgegensah. Da wurde Bischof Wurm von der Familie, der Gemeinde und den Freunden des Verurteilten um Hilfe angerufen. Aus seinen verzweifelten Erzählungen weiß ich das, was ich hier berichte. Der Bischof wußte, daß nur eine Darstellung und ein Gnadengesuch an den amerikanischen Präsidenten hier noch helfen könne. Aber wie sollte eine solche Botschaft an ihn gelangen? Post und Fernmeldewesen gab es damals für Deutsche nicht. Briefe ins Ausland waren unmöglich. Nur die amerikanische Armee verfügte über die Möglichkeit, einen Brief an den Präsidenten gelangen zu lassen. So wandte sich Bischof Wurm an den kommandierenden amerikanischen General. Er kannte ihn als einen bewußten Christen, als einen redlichen und ihm wohlgesonnenen Mann, der gewiß diesen Brief weiterleiten würde. Der General aber weigerte sich, indem er sich auf die Vorschrift (auf das »Gesetz«) berief, daß die amerikanische Militärpost keine Briefe von Deutschen befördern dürfe. Wir kannten diese Vorschrift, weil sie alle unsere Versuche hatte scheitern lassen, mit unseren amerikanischen Freunden Verbindung aufzunehmen. Und natürlich mußten wir sie verstehen und respektieren. In diesem Falle aber flehte der Bischof den General an, sich über das »Gesetz« hinwegzusetzen, weil es um das Leben eines unschuldig zum Tode Verurteilten gehe. Diese Not breche jedes Gebot. Der Bischof konnte in seiner Erregung die Tränen nicht zurückhalten. Auch der General war nahe daran und sichtlich bewegt. Aber er blieb bei seiner Weigerung. Er dürfe nicht gegen seine Vorschrift handeln. (Ich meine, mich auch zu erinnern, daß er auf die Folgen hingewiesen habe, die ein solcher Verstoß für ihn haben würde; doch ist mir das nicht mehr absolut sicher.) So wies er den Brief des Bischofs zurück. Da konnte sich der alte Bischof nicht enthalten, dem General zu erklären: Ganz abgesehen von dem Blut dieses Unschuldigen muß ich Sie darauf hinweisen, daß Sie jetzt genau dasselbe tun, dessentwegen Sie sich zum Richter machen über den Kadavergehorsam der deutschen Generalität. Geben Sie acht, daß Sie nicht genau dort ankommen, wo wir heute sind.

Wie gesagt: Ich hüte mich vor Verallgemeinerungen und sage nicht: So handeln »die« Amerikaner; so sehr versklaven sie sich an den Buchstaben des Gesetzes. Dieser extreme Fall soll nur bestimmte Möglichkeiten beleuchten, die sich auch hier aktualisieren könnten, wenn der Möglichkeit nicht mehr Raum gegeben wird, sagen zu können: »Hier stehe ich, ich kann nicht anders.« Diese

Möglichkeit muß es auch gegenüber dem noch so respektierten Gesetz geben. Und es *kann* sie nur geben, wenn das persönliche Gewissen an die letzte Instanz gebunden ist und wenn es in dieser Gebundenheit wach, mündig und »original« bleibt.
Ich könnte Ihnen noch manches aus dieser schrecklichen Zeit berichten, das in ähnliche Abgründe deutet. Doch will ich das nicht tun. Denn ich möchte mit alledem ja nicht den Anschein erwekken, als wollte ich Schuld gegen Schuld aufrechnen. Wir wollen uns nicht richten, sondern gegenseitig helfen. Und außerdem würden wir bei diesem Unternehmen, gegeneinander »aufzurechnen«, schließlich bei Adam und Eva und ihrem Griff nach der verbotenen Frucht ankommen.

FRAGE: *Obwohl Sie gezeigt haben, vor welchen Hintergründen man die verhängnisvolle Entwicklung in Deutschland sehen muß, so kann ich doch immer noch nicht glauben, daß es zu jenen Massenmorden gekommen wäre, wenn das deutsche Volk diese Dinge* gewußt *hätte. Daß es im Anfang harmlos war, weil die neuen Machthaber sich tarnten, verstehe ich. Darüber kann man hinwegkommen. Aber daß dieses Volk in klarem Wissen um das, was geschah, Deportationen und Vergasungen von Millionen geduldet hätte, das kann ich nicht glauben. Mir ist immer wieder von deutschen Freunden versichert worden, sie hätten wirklich nichts davon gewußt. Und als sie nach dem Kriege davon erfuhren, sei es ein Schock für sie gewesen. Im Hinblick auf die Größenordnung der Verbrechen ist mir dieses Verborgen-Bleiben zwar ein Rätsel.*
Aber meine Freunde sind absolut glaubwürdig. Und ich habe es ihnen auch gern glauben wollen, *weil es mir meinen Glauben an das deutsche Volk erhielt. Sonst könnte man ja an allem irre werden. Und dann würde sich trotz allem, was Sie sagten, die Frage noch einmal erheben: »Wie war das in dem »Volke der Dichter und Denker« möglich? So frage ich denn auch Sie: Haben die Deutschen das alles gewußt oder nicht?*

Antwort: Ich könnte mir die Antwort auf Ihre Gewissenfrage verhältnismäßig leicht machen, indem ich sagen würde: Das gesamte Ausmaß dessen, was geschehen ist, hat jedenfalls von den Menschen, die ich kenne, niemand gewußt. Viele aber haben natürlich irgendeinen Flügelschlag des dunklen Vogels bemerken müssen, der über uns kreiste: Gerüchte über das, was geschah, gingen um. Aber man hatte nichts Greifbares in Händen, weil sich die Dinge selbst im Verborgenen vollzogen und von den Machthabern auch sorgfältig »unter Verschluß« gehalten wurden. Man konnte alle diese Gerüchte von sich abweisen und sich selbst dabei einreden (was in normalen Zeiten ja ein durchaus honoriger Standpunkt sein kann): Ich gebe nichts auf Gerüchte. Wohlerzogene, redliche Menschen sagten sich außerdem vielfach: Das *kann* ja gar nicht stimmen, denn es übersteigt an Verruchtheit jede Phantasie. Man sagte sich genau dasselbe, was Sie soeben gesagt haben: Wie sollte so etwas in unserem Volke überhaupt möglich sein? Man wurde von der täglichen Propaganda betrommelt, daß die »Feind-Sender« die tollsten Lügen ausstreuten, um die innere »Wehrkraft zu zersetzen«. Und viele führten die Gerüchte über das Ungeheuerliche auf solche Akte der »moralischen« – oder besser: »moralzersetzenden« – Kriegführung der Gegner zurück. Man sah zwar die Judensterne auf der Straße. Um sich den Jammer derer, die ihn tragen mußten, vorzustellen, hätte man seine Phantasie aktivieren müssen; und das unterließ man lieber, weil man mit der Angst vor der nächsten Bombennacht, mit der Sorge um die Zukunft und um Männer und Söhne an der Front schon genug belastet war. Ich selbst wußte schon wesentlich mehr, weil ich über nicht ganz alltägliche Informationsquellen verfügte und weil viele meiner Freunde unmittelbar betroffen waren; auch ich selbst kam nicht ungeschoren davon und hatte in Teilaspekten schon sehr früh das Bestialische der Machthaber kennengelernt. Aber das volle Ausmaß dessen, was um uns herum geschah, habe ich ebenfalls nicht von ferne geahnt. Ich halte es nicht für ausgeschlossen, daß auch ich es für unmöglich gehalten hätte, wenn mir einer das vor 1945 erzählt haben würde. Ich könnte Ihre Frage also zunächst relativ leicht so beantworten, daß ich sagte: Die Deutschen haben weithin das Ausmaß der Scheußlichkeiten nicht gewußt. Viele haben nur von einigen gräßlichen Vorgängen munkeln hören, aber es nicht geglaubt.

Obwohl an dieser Auskunft etwas Richtiges wäre, hätte ich doch nicht das Gefühl, ganz wahrhaftig zu sein, wenn ich es dabei bewenden ließe. Ich mußte Ihnen freilich zunächst diese *Sicht* der Dinge darstellen. Denn das amerikanische Volk mit seiner freien Presse, seiner öffentlichen Kritik und der demokratischen Ungeniertheit, in der man alle politischen Fragen untereinander besprechen kann, vermag sich schlechterdings nicht vorzustellen, in welchem Maße eine gelenkte und zensierte Presse, ein dirigistisch gehandhabter Rundfunk und eine strategisch ausgeklügelte Massensuggestion Vernebelungen zu erzeugen vermag.

Warum hätte ich trotzdem kein gutes Gewissen, wenn ich hier von einer allgemeinen Ahnungslosigkeit der Deutschen spräche?

Es gibt ja zwei verschiedene Weisen des Nicht-Wissens. Die eine besteht darin, daß man wirklich keinerlei Informationen hat und also nichts wissen *kann*. Die andere gründet darin, daß man etwas nicht wissen *will*, daß man also ein mögliches Wissen *verdrängt*. Und nun hege ich allerdings die Überzeugung, daß unzählige Deutsche – gerade auch solche in verantwortlichen Stellungen wie z.B. hohe Militärs – die ihnen verfügbare Wahrheit über das Schreckliche verdrängt haben. Das ganze Ausmaß des Schreckens wäre zwar von kaum jemandem – außer den Spitzenfunktionären des Systems selbst – zu übersehen gewesen. Die erkennbaren Ausschnitte der Untaten wären aber schon grauenvoll genug gewesen, um das Urteil zu erzwingen, daß wir in die Hand von Amokläufern größten Stils gefallen seien. Und diese verfügbaren Teilaspekte der furchtbaren Wahrheit wurden eben verdrängt. Sie wurden nicht ins Bewußtsein gelassen. Insofern ist es nicht ganz falsch, wenn Unzählige heute sagen: Wir haben nichts gewußt. Sie machen sich damit nicht unbedingt einer Lüge schuldig.

Aber liegt die Schuld *dann* eben nicht in den Akten jener *Verdrängung?* Waren sie nicht feige Akte des Ausweichens und der Flucht, dienten sie nicht dem Rückzug aus einer Verantwortung, die gefordert gewesen wäre?

Man wird diese Frage sicher bejahen müssen. Die Frage ist nur, ob man sie pharisäisch und also in dem Bewußtsein bejahen kann: »ich« hätte ohne Vorbehalt der Wahrheit ins Auge geblickt. Ich kann vielleicht einiges darüber sagen, wie die Dinge »von innen« aussahen, weil ich diese Zeit als Seelsorger erlebte, der mit sehr vielen und sehr verschiedenartigen Menschen zu sprechen hatte und ebenso viele anhören mußte. Ich habe auch aus gegebenem Anlaß versucht, mit einer Anzahl von Männern in verantwortlichen Stellungen Fühlung zu nehmen, um aus ihnen einen Kreis zu bilden, der sich nach dem erwarteten Zusammenbruch der Hitler-Ära mit der geistigen Konzeption eines Neuanfangs beschäftigen sollte. Bei alledem mußte ich mit ihnen über das sprechen, was ich an schrecklichen (Teil-)Wahrheiten wußte. Und ich habe den Widerstand dagegen immer neu erlebt. Ich habe auch beobachtet, wie viele die Begegnung mit mir mieden, um ja nicht mit diesen Problemen konfrontiert zu werden.

Warum wich man aus? War es Feigheit?

Ich appelliere jetzt einen Augenblick an Ihre Phantasie.

Stellen Sie sich bitte einmal einen General vor, der von den Schlachtfeldern in der Sowjetunion, aus der mehr und mehr wankenden Front zu einem kurzen Urlaub in die Heimat kommt. Die Eindrücke der erlebten Strapazen, die täglichen Blutopfer und die heimliche Angst vor der wachsenden sowjetischen Überlegenheit erfüllen ihn fast übermächtig. Und nun versucht man ihm nahezubringen, was in der Heimat und in den

besetzten Ländern an Untaten des Regimes geschieht. Man versucht, ihm schonend beizubringen, daß sein oberster Kriegsherr ein Wahnsinniger sei. Nehmen wir einmal an, er würde nicht von vornherein jeden Gedanken dieser Art schon aus seiner Offizierstradition abwehren und sich ihn im Namen seines Eides verbitten. Sondern versuchen wir einmal, uns den General als *Menschen* vorzustellen, als Menschen freilich, dem das Leben von Tausenden von Männern, dem eine Division oder eine Armee anvertraut ist. Wie wird er auf solche Mitteilungen reagieren?
Die furchtbaren Verantwortungen, die er tragen, das Opfer an Strapazen und Blut, das er seinen Männern zumuten muß, sind schlechterdings nur auszuhalten, wenn er einen *Sinn* darin sieht. Und er *kann* nur einen Sinn darin sehen, wenn er überzeugt sein darf, daß er die Heimat vor »der roten Flut« schützt und daß die obersten Repräsentanten dieser Heimat – in deren Dienst er doch steht – vertrauenswürdig sind. Käme er zu der Überzeugung, daß dieser Krieg gar kein Verteidigungskrieg wäre, sondern daß Hitler ihn in wahnwitzigen Welteroberungsideen vom Zaune gebrochen hätte, daß Hitler selbst ein Fürst des Abgrunds und ein Wahnsinniger wäre und daß die Heimat, die man in seinem Namen zu verteidigen meint, durch seine Herrschaft *zerstört* wird, daß also alle Werte, für die man kämpft, sowieso vor die Hunde gehen – angenommen, er käme zu dieser Überzeugung, bitte: wie sollte er die Last einer solchen Erkenntnis tragen? Damit wäre seinem und dem Kampf seiner Männer nicht nur der Sinngrund entzogen, damit wäre nicht nur jedes Opfer schauerlich vergeblich, sondern er sähe sich ja auch zu bestimmten Konsequenzen genötigt. Dürfte er sich weiter vor den Wagen dieses Verruchten spannen lassen, dürfte er ihm weiter dienen? Hieße das nicht, daß er sich mitschuldig machte an diesem gigantischen Werk der Zerstörung und des Mordes?
Nehmen wir noch weiter an, der General hätte sich bis zu dieser Frage durchgerungen und wäre bereit, derartigen Konsequenzen ins Auge zu blicken. Dann stünde er vor der Frage, ob er seinen

Dienst nicht quittieren müßte. Ein offizielles Entlassungsgesuch würde natürlich nicht angenommen. Also müßte er fliehen, er müßte ein »Defaitist« werden. Nun will ich einmal die doch sehr wesentliche Frage beiseite lassen, was das für seine Familie bedeuten würde, an der das Regime sich dann in Gestalt der Sippenhaft oder mit noch grausigeren Mitteln rächen würde. Ich meditiere jetzt nur über seine eigene Rolle. Also er müßte fliehen. Aber wohin? Praktisch bliebe nur das Überlaufen zum Feind. Denn totalitäre Tyranneien haben ja das Furchtbare an sich, daß sie nicht einmal mehr Wüsten kennen, in die ein Gegner geschickt werden oder auch nur fliehen könnte. Nicht einmal mehr Wüsten gibt es. Verstehen Sie, was das heißt? Aber darf er denn zum Feind überlaufen? Kommt nicht von dort eine Bedrohung, die mindestens ebenso grausig wäre wie der Terror der Hitlerei? Und ganz abgesehen davon: Müßte er sich nicht der Untreue gegenüber den ihm anvertrauten Soldaten zeihen? Sie müßten in Kälte, Hunger und Strapazen ausharren; sie würden weiter sterben wie die Fliegen, weil sie *nicht* die Möglichkeiten eines solchen Ausweichens besäßen. Und wer würde, wenn er ginge, an seine Stelle treten? Vielleicht ein Funktionär Himmlers?
Ich mußte Ihrer Phantasie diese kleine und wohl sehr beklemmende Meditation zumuten, damit Sie sich vorstellen können, vor welchen Grad von Ausweglosigkeit und Verzweiflung sich ein General gestellt sehen mußte, der den Dingen ins Auge geblickt hätte. Und man versteht, daß er ihnen *nicht* ins Auge blickte, daß er die Wahrheit also – verdrängte. Hätte er die Wahrheit anzuschauen gewagt, so würde er entweder vor der Notwendigkeit gestanden haben, Konsequenzen zu ziehen, die er nicht ziehen konnte. Oder er hätte gegen seine Überzeugung seinen Dienst weitergetan. Dann mußte er sich verachten und hätte sich der Anklage seines Gewissens überantwortet – einer Anklage, die um so furchtbarer gewesen wäre, als er seine Not nach außen hin nicht hätte zu erkennen geben können. (Er mußte ja bei Ansprachen an die Truppe, bei Tagesbefehlen und in

seinen Stabsbesprechungen den starken Mann markieren. Denn weitermachen *und* gleichzeitig zersetzen: das wäre nun der komplette Wahnsinn gewesen.)
So flüchtete er durch Verdrängung in das Nicht-Wissen, um sich wenigstens die Illusion eines subjektiven Anstands zu bewahren. So suchte er sich ein gewisses Ethos zu retten, das er für seine Selbstachtung brauchte. Er tat seine oft entsagungsvolle und opferbereite Pflicht. Er erschöpfte sich in der Wahrnehmung seiner Ausführungsverantwortung und wich der Entscheidungsverantwortung aus. Er kniff die Augen zu, wenn die Frage übermächtig werden wollte, in wessen Namen und für wen oder was er kämpfte.
Viele Durchschnittsdeutsche hätten gewiß nicht vor diesem Ausmaß an Hilflosigkeit gestanden, und es gab auch prominente Amtsträger in nicht geringer Zahl, die es ebenfalls nicht so schwer gehabt haben würden, wenn sie wenigstens *gewisse* Einsichten und *gewisse* Konsequenzen auf sich genommen hätten. Aber ich habe absichtlich einmal den schwersten Fall herausgegriffen. Und ich habe als Modellbild bewußt einen General gewählt, weil man im Ausland ja vielfach geneigt ist, dieser Spezies Mensch die *größten* Vorwürfe zu machen.

Ähnliche Konflikte aber habe ich selbst immer wieder bei einfacheren Dienstgraden, bei jungen Offizieren und Soldaten erlebt. Viele meiner Studenten waren ja Offiziere. Sie kämpften auf allen Fronten und besuchten mich auf ihrem Urlaub mit der Frage: »Was geht in der Heimat vor? Wir hören da so einiges.« Zuerst habe ich ihnen stets reinen Wein eingeschenkt, war dann aber aufs tiefste betroffen, wenn ich sie verzweifelt gehen lassen mußte und wenn sie nun zu der Last der Schlachtfelder auch die innere Last ihres Wissens noch zu tragen hatten. Ich höre noch den verzweifelten Ausruf eines jungen Offizier-Theologen: Wofür kämpfen wir denn, wenn dieser Kerl unsere Kirche zerstört? Ein anderer hatte Tränen in den Augen, weil er es nicht ertragen konnte, daß er auf Hitler vereidigt war und daß sein Vater als Bekenntnispfarrer im Gefängnis saß. Beide sind gefallen. Nur ganz wenige aus den Reihen meiner jungen Studenten von damals sind überhaupt zurückgekommen. Und von einigen weiß ich, daß sie den Tod gesucht haben, weil der Widerspruch sie erdrückte. Ein junger Halbjude etwa, einer der treuesten und begabtesten, meldete sich zu allen gefährlichen Patrouillen. Er wußte zuviel, um es noch ertragen zu können. Und eines Tages brauchte er nicht mehr zurückzukommen.

Zuerst also sagte ich meinen jungen Besuchern noch, was los war. Später unterließ ich es, wich der Frage aus und verharmloste sogar. Ich konnte es nicht mehr ertragen. Ihre Last war schwer genug. Die Last eines zusätzlichen Wissens hätte sie erdrückt.

Endlich noch eins: Es gibt bei uns doch sicher nicht viel weniger redliche Menschen als bei Ihnen: Väter und Mütter, die für ihre Familie sorgen und ihre Pflicht tun, junge Idealisten und abgeklärte Alte. Sicher besteht unser Volk nicht *nur* aus solchen, genausowenig wie das amerikanische Volk; aber es gibt sie doch, gottlob, in nicht geringer Zahl. Und diese Redlichen weigerten sich oft, die Untaten zu glauben, weil sie ihnen unfaßlich schienen. Sie konnten es sich nicht vorstellen. Ihre Phantasie war nicht zynisch genug.

Ob Sie nun den Eindruck haben, ich wolle alles verharmlosen? Bitte, denken Sie das nicht! Und wer einigermaßen hellhörig ist, hat gewiß bemerkt, wo ich die Akzente der Schuld setzte. Ich gestehe, daß ich es zaghaft tat. Denn die Schuld, um die es *hier* geht und die man bei der Verdrängung der Wahrheit auf sich nahm, ist keine billige und vordergründige, sie ist keine eigentlich »moralische« Schuld. Sie sitzt tiefer und ist sublimer. Wenn ich zu meinen eigenen Leuten daheim sprach und spreche, dann geht es manchmal um andere Akzente. Ihnen gegenüber hier in Amerika aber ging es mir vor allem darum, Verständnis für die Schwere einer Situation zu erwecken, in der die Wahrheit teuer war. Wer die Schwere solcher Stunden erlebt hat, der fürchtet sich vor dem Richtenmüssen, jedenfalls vor allen Urteilen genereller Art. Er wartet auf das Jüngste Gericht, vor dem wir *alle* erscheinen müssen. Dort wird die Grenze zwischen Böcken und Schafen anders verlaufen, als wir sie in unserer Kurzsichtigkeit (und auch in unseren moralischen Verblendungen) konstruieren. Aber alle Spekulationen über diese Grenze dürfen uns nicht irritieren, wenn uns nur *eine* Gewißheit nicht verlorengeht: daß wir einen Fürsprecher in diesem Gericht haben, und daß der Richter unser Vater ist.

FRAGE: *Stimmt es, daß der deutsche Zusammenbruch 1945 eine religiöse Erweckung schenkte? Wenn ja: Ist diese Entwicklung weitergegangen? Wenn nein: Warum ist sie ausgeblieben oder warum hat sie aufgehört?*

ANTWORT: Es ist sehr schwer, etwas über eine Erweckung und ihren Verlauf zu sagen. Unseren menschlichen Augen bleibt es ja verborgen, was sich dabei an wirklicher Geschichte des Herzens vollzieht, was also ein spiritueller Vorgang und was nur psychische Emotion ist.

Fest steht jedenfalls, daß nach dem Zusammenbruch die Menschen in Deutschland von einer ungeheuren Erschütterung bewegt waren: Als alles herauskam, was geschehen war, und als unzählige Menschen plötzlich und auf sehr verschiedene Weise in die Stille geführt wurden (in die sehr bewegte Stille der neuen Situation unter der Besatzung oder in die furchtbare Stille der neuen Konzentrationslager), da haben wohl die meisten unter dem Eindruck gestanden, daß ein ungeheures Gericht über uns hereinbrach. Manche Leute sprachen sogar von »der Gnade des Null-Punktes«, an dem Gott inmitten von Ruinen und Toten die Chance eines Neubeginns schenke.

Ich kann den ganzen Komplex der Empfindungen und existentiellen Erfahrungen, die uns damals erfüllten, hier nicht analysieren. Aber ich wage doch zu sagen: Das weithin bestehende Grundgefühl war das des Gerichtes und der Heimsuchung. Äußerlich wurde das daran erkennbar, daß die Kirchen überfüllt waren, daß man nach einem deutenden und wegweisenden Wort der Kirche förmlich schrie. In dieser Stunde haben wir auch die Evangelischen Akademien gegründet, die vom Evangelium her in der plötzlich zum Niemandsland gewordenen, vordem ideologischen Landschaft Wege zu einer neuen Ordnung und einem neuen Selbstverständnis zu zeigen versuchten. Es schien eine kostbare und fruchtbare Stunde unserer Geschichte zu sein. Der Acker der Herzen war aufgepflügt, die Bereitschaft zu Buße und Umkehr war weithin groß. Und manchmal meinte ich, daß jetzt eine Stunde der Erweckung gekommen sein könnte. Wer diese Stunden auf der Kanzel erlebt hat, war bewegt von der Hingegebenheit des Hörens.

Doch diese Stunde, dieser Kairos, ging vorüber; man aß und trank, freite und ließ sich freien – und alles war wie immer. Woher kam das? Man kann darauf nicht mit Spekulationen und Psychologisierereien antworten. Es steht uns nicht zu, die Gründe exakt anzugeben, aus denen uns die offenkundige Gnade Gottes wieder entzogen wurde.

Und doch scheint es mir deutlich zu sein, in welcher *Richtung* nach diesen Gründen zu fragen wäre: nämlich in Richtung auf menschliche Schuld und menschliches Versagen.

Ich glaube z. B., daß die Kirche damals nicht die Botschaft für die Stunde fand. Es kam manchmal zu sehr unerfreulichen »Machtübernahmen« und zur Selbstherausstellung der »alten Kämpfer«. Nicht selten wurden Verdienste mit Ämtern belohnt, und gelegentlich machte man jemanden, der wirklich ein Charismatiker war, zum kirchlichen Bürokraten, wo er natürlich versagte. Es kam statt zur Bußpredigt und zur Verkündigung des Heils vielfach zur Proklamation einer Kollektiv-Schuld und zu Hysterien der Selbstanklage, die mehr psychoanalytisch zu ver-

stehen als theologisch zu rechtfertigen waren und zu einer Verhärtung der Herzen führten. Auf vielen Kanzeln gab es trotz der aufwühlenden Stunde nur sehr konventionelle und blasse Predigten, die die Herzen nicht erreichten und sie weiterfrieren ließen. Ein prophetisches Aufrütteln schien uns versagt.
Aber auch von einer ganz anderen, ganz unerwarteten Seite ergab sich nach meinem Urteil so etwas wie eine Blockade der geistlichen Situation. Wenn ich hier an die Praktiken der Entnazifizierung denke, wie sie nun gerade von den Amerikanern gehandhabt wurden, dann glauben Sie mir bitte, daß ich heute ganz ohne Zorn darüber sprechen kann. Ich habe längst eingesehen, daß eine von außen kommende Militärregierung gewisse Dinge hier einfach nicht verstehen und übersehen *konnte* und daß das auch durch das phantastisch reiche Informationsmaterial, das die Armee fertig gedruckt mit sich führte, nicht geändert wurde. Damals (1947) habe ich eine Predigt über und gegen diese Entnazifizierungsformen gehalten, die später zusammen mit einem polemischen Briefwechsel im Druck erschien und auch in amerikanischen Blättern nachgedruckt wurde. Gerade die Reaktion amerikanischer Christen darauf hat mir beglückend gezeigt, welche hilfreiche, faire und selbstkritische Bereitschaft hier zu Hause ist.

Worum ging es bei jenen Formen der Entnazifizierung?
Wenn ich es vergröbernd und vereinfachend ausdrücken darf, dann so: Die Amerikaner hielten zunächst einmal das ganze deutsche Volk – von wenigen Ausnahmen abgesehen – für eine Bande von mehr oder weniger großen Nazis. Im Bilde ausgedrückt: Sie ließen das ganze deutsche Volk in Linie zu drei Gliedern antreten und befahlen dann: Jeder, der nur irgend etwas mit der Partei zu tun hatte, links raustreten! Sie fügten dann diesem rausgetretenen Haufen noch ziemlich viele andere Leute hinzu. In Württemberg z.B. die, die einen Titel besaßen, der auf »...rat« endete, also etwa: Studienräte, Regierungsräte, Vete-

rinärräte. Man meinte, diese Leute müßten eine besonders enge Bindung zum System gehabt haben. Viele Tausende kamen in Konzentrationslager. Da ich während des »Dritten Reiches« einige Unannehmlichkeiten erlebt hatte, gehörte ich zu den wenigen Männern, die mit Hilfe amerikanischer Erlaubnis diese Lager besuchen durften und zu den Insassen reden konnten. Ich habe die inneren und äußeren Zustände dort kennengelernt. Mir kommt es jetzt aber nur auf die inneren an.

Daß viele, sehr viele zu Unrecht aus ihrem Amt herausflogen und ein guter Teil von ihnen sich im Lager befand, führte schon zu einer gewissen Verhärtung. Zu ihr mochte auch beitragen, daß viele Leute besonders hohe Erwartungen auf die Befreiung durch die Amerikaner gesetzt hatten, daß man ihnen als den Vertretern eines christlichen Volkes entgegensah, das nun in Liebe und Gerechtigkeit einem Volke von Neuheiden zeigen würde, was wahre Humanität sei. Angesichts solcher Hoffnungen mußte jede Desillusionierung besonders empfindlich wirken und sich als ein Prestigeverlust des – freilich falsch verstandenen – Christentums auswirken.

Was aber unvergleichlich schlimmer war und wirklich so etwas wie die erwähnte geistliche Blockade mit sich brachte, war folgendes:

Unzählige – ich glaube: wohl der größere Teil des deutschen Volkes – wurden also zunächst aus Stellungen und Berufen entlassen. (Damals sah man vorher reiche Unternehmer und hohe Beamte Hilfsdienste bei der Straßenreinigung und beim Trümmerräumen tun.) Um wieder zu Amt und Brot zu kommen, mußte man sich einem Entnazifizierungsverfahren unterziehen, für das man Zeugnisse brauchte. Diese Zeugnisse wurden »Persilscheine« genannt. Die Folge war, daß sich jeder Betroffene hinsetzte und an alle einwandfreien Nicht-Nazis Briefe mit der Bitte schrieb, man möge ihm bezeugen, daß er nur formal der Partei angehörte, daß er in geradezu rührender Weise die Juden beschützt und über Hitler stets geschimpft habe und daß er haar-

scharf an Gestapohaft und Konzentrationslager vorübergekommen sei. Da die Nicht-Nazis nun Mitleid mit den vielen hatten, die man jetzt zu Unrecht bestrafte, stellten sie solche Persilscheine bereitwillig aus (hoffentlich nicht zu viele an die wirklich Schuldigen!). Da konnten dann die Leute rührende Worte über ihre Unschuld, ihr Heldentum, ihr heimliches Martyrium lesen. Und doch waren wir schließlich *alle* schuldig geworden und hätten uns dabei (wenn nicht von Menschen, so doch von Gott) behaften lassen müssen. Manche hatten zehn, zwanzig und mehr solcher Scheine. Ein so schmeichlerisches Bild von sich selbst hatten sie noch nie gesehen, weil es meist nur in Todesanzeigen zu lesen und bei Nachrufen zu hören ist. Wenn man das las, konnte man sein Selbstbewußtsein wiedererlangen!
Verstehen Sie, was diese Methode der Entnazifizierung innerlich, was sie »geistlich« bedeuten mußte? Ein Volk, das eben etwas von seiner Schuld zu begreifen schien und die Botschaft von der Vergebung hätte hören müssen, wurde plötzlich von einem gigantischen Strom der Selbstrechtfertigung mitgerissen. Es brauchte nicht das »Blut des Lammes«, um »weiß wie der Schnee« aus dem Bad der Versöhnung hervorzugehen. Sondern es wusch sich selbst weiß, strahlend weiß – mit Persil!
Es gibt so manche Bücher über die Geschichte der Kirche im Nachkriegsdeutschland. Da ist von Kirchentagen und Evangelischen Akademien die Rede, von Synoden und Worten an die Gemeinde. Aber kaum irgendwo liest man etwas über die Innengeschichte dieser Jahre und nirgendwo (ich jedenfalls habe es nicht gefunden) etwas über diese »geistliche Blockade«. Darum wollte ich Ihnen einmal berichten, wie ich das alles sehen muß. Ich habe Ihnen ganz einfach ein Stück selbsterlebter Nachkriegsgeschichte erzählt, weil Sie mich nach einer »Erweckung« gefragt haben.

Ich sage das alles nicht, um die Schuld auf die Amerikaner von damals abzuschieben. Es ist nicht meines Amtes, hier eine Schuldaufrechnung zu vollziehen. Ich weiß, was *ich* dabei falsch ge-

macht habe. Ich habe mir auch die Finger an Persilscheinen wund geschrieben, um möglichst viele zu retten, die ich für relativ harmlose Sünder hielt. Aber hätte ich nicht zu jedem Persilschein einen Hirtenbrief legen müssen? Einen Brief, der dem Empfänger sagte: Wir alle sind schuldig und brauchen die Vergebung, die uns keine Spruchkammer geben kann –? Hätte ich ihm nicht schreiben müssen: Ich suche dich vor Menschen rein zu waschen, aber wie werden wir beide miteinander im Jüngsten Gerichte dastehen, wenn wir nach den letzten Jahren gefragt werden? – »Daß wir noch leben, ist unsere Schuld«, hat Karl Jaspers einmal gesagt. Das mag etwas sehr pathetisch sein, aber irgend etwas ist dran.
Wir haben also alle, jeder auf seine Weise, an jener »geistlichen Blockade« mitgewirkt. Doch es hat keinen Wert, nur pauschale Sündenbekenntnisse abzulegen. Damit die Darstellung einer Schuld ernst genommen werden kann, muß sie sehr differenziert sein. Die letzte Differenzierung nimmt das Jüngste Gericht vor. Ich wollte und konnte Ihnen nur andeuten, was Differenzierung hier heißt, indem ich an Selbsterlebtem einiges von erkennbarer Schuld verdeutlichte.

Wenn Gott keine Erweckung schenkt, dann können wir nie einfach sagen, daß er uns seine Gnade versagt habe. Sondern dann müssen wir immer bekennen, daß wir selbst es sind, die Gottes Wege zu uns blockieren.
Ich habe es gerade in diesen letzten Stunden, die so manche mich bewegende Erinnerung beschworen, voll Dankbarkeit empfunden, daß man zu Christen eben so sprechen darf, wie ich das zu Ihnen tat. Es bedarf keiner höflichen Retuschen und keines Drumherum-Redens. Auch die Scham braucht einem nicht den Mund zu verschließen. Wir können auch das Schmerzlichste in das Licht der Ewigkeit rücken, in dem wir miteinander stehen. Wir stehen uns nicht als Fremde gegenüber, sondern als Brüder. Das war das, was ich an diesen Stunden nicht vergessen werde.